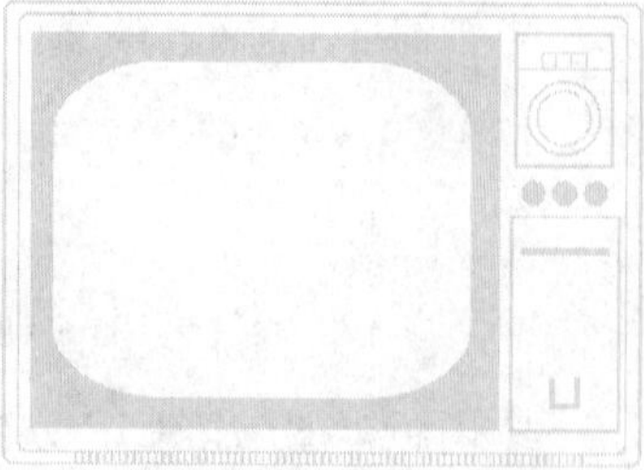

广播电视编导专业（电视编辑方向）“十二五”规划教材

媒介文化传播

陈 默 著

中国传媒大学出版社
·北京·

图书在版编目(CIP)数据

媒介文化传播/陈默著.——北京:中国传媒大学出版社,2016.8
电视编导专业(电视编辑方向)“十二五”规划教材

ISBN 978-7-5657-1704-8

Ⅰ.①媒… Ⅱ.①陈… Ⅲ.①传播媒介—文化传播—研究—高等学校—教材 Ⅳ.①G206.2

中国版本图书馆 CIP 数据核字(2016)第 093127 号

媒介文化传播

MEIJIE WENHUA CHUANBO

著　　者 陈　默
责任编辑 蒋　倩　王　硕
装帧设计指导 吴学夫　杨　蕾　郭开鹤　吴　颖
设计总监 杨　蕾
装帧设计 刘鑫、杨瑜静等平面设计团队
责任印制 阳金洲
出 版 人 王巧林

出版发行 中国传媒大学出版社
社　址 北京市朝阳区定福庄东街 1 号　邮编:100024
电　话 86－10－65450528　65450532　传真:65779405
网　址 http://www.cucp.com.cn
经　销 全国新华书店

印　刷 北京易丰印捷科技股份有限公司
开　本 185mm×260mm
印　张 13
版　次 2016 年 8 月第 1 版　2016 年 8 月第 1 次印刷

书　号 ISBN 978-7-5657-1704-8/G·1704　**定　价** 49.00 元

目 录

第一章　媒介环境学派的兴起

本章要点

媒介环境学派从麦克卢汉的“媒介即讯息”出发，研究媒介在社会中的作用。媒介环境学(Media Ecology)是20世纪30年代在北美萌芽，在70年代形成发展起来的一个传播学派。经过三代学者的努力，它已成为与经验学派和批判学派鼎立的第三学派。作为媒介研究的领域之一，媒介环境学探究媒介与人类社会文化的关系，其独特性表现在将研究重点放在传播技术的本质如何给人类社会和文化带来深远的影响上。

媒介环境学派主要分为：加拿大多伦多学派和纽约学派。

传播学主要有三大学派：一种是经验学派，那是比较经典的、传统的传播学；第二个学派是批判学派，批判学派在文化底蕴方面要深厚得多，主要来自于法兰克福学派，在文化视野上都比较开阔，也比较深入；还有一个现在新兴的环境学派，它的视野更开阔，而且更清晰地融入我们当下。环境学派就是要把媒介放入社会之中，与社会结构变迁、人性、人的生活方式联系起来，从这一视角阐述媒介，所以这一学派视野非常开阔。

媒介环境学派从麦克卢汉的“媒介即讯息”出发，研究媒介在社会中的作用。媒介环境学(Media Ecology)是20世纪30年代在北美萌芽，在70年代形成发展起来的一个传播学派。经过三代学者的努力，它已成为与经验学派和批判学派鼎立的第三学派，探究媒介与人类社会文化的关系。作为媒介研究的领域之一，媒介环境学的独特性表现在将研究重点放在传播技术的本质如何给人类社会和文化带来深远的影响上。

媒介环境学派主要分为：加拿大多伦多学派和纽约学派。

一、媒介环境学派三代人的历程

图1-1 哈曼德·伊尼斯(1894—1952)

媒介环境学经历了三代人的历程。20世纪50年代媒介环境学兴起，其先驱和奠基人有帕特里克·格迪斯、刘易斯·芒福德、本杰明·李·沃尔夫、苏珊·朗格等人。之后媒介环境学渐趋成熟，第一代的代表人物有埃里克·哈弗洛克、哈罗德·伊尼斯和马歇尔·麦克卢汉。第二代的代表人物有尼尔·波兹曼、沃尔特·翁、詹姆斯·凯利。第三代的代表人物有保罗·莱文森、约书亚·梅罗维兹、兰斯·斯特雷特、林文刚、埃里克·麦克卢汉、德里克·德克霍夫，他们多半在20世纪90年代以后活跃在世界传播学界。

“媒介环境学”这个术语由麦克卢汉(1911—1980)首创，但他没有公开使用。1968年，尼尔·波兹曼(1931—2003)首次公开使用这个术语。1970年，波兹曼接受麦克卢汉的建议，在纽约大学创建媒介环境学的博士点。波兹曼认为，媒介是复杂的讯息系统，媒介环境学试图揭示其隐含的结构，揭示媒介对人的感知方式的影响。

哈罗德·伊尼斯(1894—1952)的背景是政治经济学，他擅长加拿大经济史，在美国芝加哥大学获政治经济学博士学位，旋即回到加拿大多伦多大学执教。20世纪20年代至40年代，他已经出版经济学专著四部，成为著名的经济史家；40年代以后，他的研究重点转向传播学；50年代初，他出版《帝国与传播》

和《传播的偏向》，成为著名的历史哲学家、媒介理论家、传播学家。伊尼斯最著名的贡献是“媒介偏向论”，他认为任何媒介都有时间偏向和空间偏向。

马歇尔·麦克卢汉 1946 年从美国回到加拿大多伦多大学执教。麦克卢汉的“媒介讯息论”就是对伊尼斯“传播偏向论”的发展。麦克卢汉共有十余部著作传世，其中的代表作有三部，分别是：1951 年的《机器新娘：工业人的民俗》，研究工业人和广告，批判美国文化，在批评现代文化方面，他走在欧洲批判学派的前头；1962 年的《谷登堡星汉：印刷人的诞生》，论述印刷文化，提出了著名的口语、拼音文字、印刷术和电子革命的媒介史分期，这种思想成为学界普遍接受的公式；1964 年的《理解媒介》，论述了电子人，提出了“延伸论”“讯息论”和“冷热论”等著名的“老三论”和 14 条媒介理论，把传播学从书斋里解放出来。他批判工业人，悲叹印刷人，欢呼电子人。

图 1-2　麦克卢汉代表作《理解媒介》

麦克卢汉全方位地继承并超越了伊尼斯的“媒介偏向论”，把媒介环境学推向了全球。多伦多学派第一代以麦克卢汉的思想为核心，以麦克卢汉研究所为组织保障，以《探索：文化与传播研究》杂志和《预警线通讯》为宣传阵地，其四位最杰出的学者是：埃里克·哈弗洛克、哈罗德·伊尼斯、马歇尔·麦克卢汉和埃德蒙·卡彭特。他们执教于多伦多大学，同时又是多伦多学派和纽约学派的桥梁，因为他们长期在加拿大和美国的几所大学工作。

多伦多学派第二代的代表人物有特沃尔和罗伯特·洛根。特沃尔著有两部关于麦克卢汉的传记：《媒介是后视镜：理解麦克卢汉》和《虚拟麦克卢汉》。罗伯特·洛根是物理学教授，是麦克卢汉思想圈子的活跃人物，著有《拼音字母对西方文明的影响》。

多伦多学派第三代的代表人物有麦克卢汉的儿子埃里克·麦克卢汉和麦克卢汉研究所现任所长德里克·德克霍夫。德克霍夫继承了麦克卢汉跨学科研究的才干，他的著作涵盖了传播学和管理学等学科，代表作有《字母与大脑》《文化肌肤》《连接智能》《智能建筑》《经理们的麦克卢汉》等。

纽约学派第一代的代表人物有刘易斯·芒福德、埃里克·哈弗洛克、路易斯·福斯戴尔和约翰·卡尔金。芒福德继承了其老师格迪斯的百科全书思想，发展了人类生态和媒介环境的学说，并且在晚期有意识地使用了"媒介环境学"这个术语。埃里克·哈弗洛克是著名的经典学者，先后在美国和加拿大的几所著名的大学执教，是多伦多学派和纽约学派的重要桥梁。

纽约学派的"大器晚成"是在20世纪70年代。1970年，尼尔·波兹曼(后文简称波兹曼)在纽约大学创建媒介环境学博士点，扛起了媒介环境学的大旗，成为媒介环境学第二代的核心人物。波兹曼的作品《作为保存活动的教学》《娱乐至死》《技术垄断》成为第二代学者的代表作。

现今活跃在纽约学派里的第三代代表人物有保罗·莱文森、约书亚·梅罗维兹、兰斯·斯特雷特和林文刚。莱文森是数字时代的麦克卢汉，现担任媒介环境学会顾问，他的传播学名著均已在中国翻译出版。梅罗维兹所著的《消失的地域》也已在中国问世，是媒介情景论的代表之作，这本书嫁接了麦克卢汉的媒介理论和社会学家欧文·戈夫曼的戏剧分析手法，提出了情景理论，成为媒介环境学研究的标志性成果之一。

二、媒介环境学派主要思想源头

媒介环境学认为，最重要、最早诞生的人类媒介是口语，这是人类媒介演化的第一场革命，所以他们要把语言作为人与环境交流的最重要的中介。为此，该学派的第二代代表人物沃尔特·翁写了专著《口语文化与书面文化》来研究口语、拼音文字和印刷术。

克里斯琴·L.尼斯特洛姆把该学派的思想追溯到20世纪初的相对论思想及其在人类语言学里的表现——语言相对论。她探讨本杰明·李·沃尔夫和苏珊·朗格如何把相对论思想转化为媒介环境学的基石。

她说："我们认识的环境是我们的感官、符号和工具提供的现实。"①这个观点认为，人们接触的现实并非外在于人的存在，而是我们的感知、探索、表征和传播工具提供的外在现实的版本。她把这个思想当作 20 世纪具有界定性的思想，而且是媒介环境学赖以建立的思想。

她把相对论思想追溯到柏拉图的洞穴寓言："柏拉图的洞穴寓言说明了现实的相对性、现实的社会构建的相对性以及感官偏向的相对性。"②

她把语言作为最重要的媒介来研究："语言及一切表征经验的符号系统扮演重要的作用，影响我们如何构建现实，进而影响我们在现实里如何做事……最系统、最有力地表达这个观念的并不是物理学家，而是人类语言学家本杰明·李·沃尔夫和爱德华·萨丕尔。"③

媒介环境学的另一思想源头是刘易斯·芒福德的城市生态学。芒福德(1895—1990)是一位通过自学而成为"百科全书式"人物的奇才，这位社会哲学家、大学教授、建筑师、城市规划师和评论家留下了数十部传世之作，其中媒介环境学界最为称道的代表作有《技艺与文明》《城市文化》《历史名城》《人类的境遇》《城市的发展》《公路与城市》《机器的神话之一：技术与人类发展》《机器的神话之二：权力的五边形》《都市的前景》等。芒福德还是北美最杰出的公共知识分子和社会批评家之一，在生态运动和环境保护运动、城市发展和更新、地区规划、艺术批评和文学批评等方面都作出了杰出的贡献。他和媒介环境学相关的思想主要有三个方面：技术历史分期的思想；有关技术和人类发展的技术有机理论(Techno-organicism)；对"王权机器"(Meta-machine)即非人性的技术垄断和国家机器的批判。

三、媒介环境学派主要理论命题

1. 理论命题之一

媒介环境学假定传播媒介在将数据或信息从一个地方传递到另一地方时

① 〔美〕保罗·莱文森：《手机：挡不住的呼唤》，何道宽译，中国人民大学出版社 2004 年版，第 212 页。
② 〔美〕保罗·莱文森：《手机：挡不住的呼唤》，何道宽译，中国人民大学出版社 2004 年版，第 212 页。
③ 〔美〕保罗·莱文森：《手机：挡不住的呼唤》，何道宽译，中国人民大学出版社 2004 年版，第 215 页。

并不是中性、透明或无价值的渠道；相反，媒介的内在物质结构（Physical structures）和符号结构（Symbolic structures）在塑造什么信息被编码、传输和怎样被编码、传输以及怎么被解码的过程中扮演着解释和塑造性的角色。就这个可探讨的层面而言，媒介的符号形态限定了该媒介所能代表信息的代码特征，也限定了将符号整合在一起的结构，例如“命题结构对应表象结构”。同样，媒介的物质结构涉及技术的特征，而技术则负责传递代码和进行编码、传输、储存、恢复、解码和传播信息所需的物理要求。

这是一个非常重要的理论命题，因为它定义了媒介环境学一种最基本典范的独特性，即认为正是媒介的结构决定了信息的本质。例如，小说读者常常对根据小说改编的电影深表失望。一种解释也许认为电影的编剧、导演、制作人或者演员并不能胜任改编工作。虽然这是一种可能性的解释，但媒介环境学的第一个理论命题说明，这种解释是一种误导，因为将这两种媒介（小说和电影）所“包含”的内容视为同样的信息毫无意义。而这一命题表明，小说和电影体现了两套完全不同的符号和物质结构或形态。因此，纵使它们可能基于同样的来源（小说中的故事），小说和电影这两种不同的媒介分别向受众（读者和观众）传递的也是两套不同的信息或者说“现实”。

2. 理论命题之二

作为第一个命题的逻辑延伸，媒介环境学同样假定每一种媒介的那套专门的物理和符号特征为其带来了一系列的偏倚或倾向。伊尼斯所做的理论归纳为：由于不同的符号形态编译出不同的信息，而不同的媒介具有不同的符号形态，所以它们便具有不同的理性或知识和感性偏倚；由于不同的物质形态编译、存储并传输不同的信息，所以不同的媒介便具有不同的时间、空间和感知的偏倚；由于不同的媒介具有不同的获得性，所以它们便具有不同的政治偏倚；由于不同的媒介具有不同的参与条件，所以它们具有不同的社会偏倚；由于不同的媒介在组织时间和空间上方式不同，所以它们具有不同哲学思辨上的偏倚；由于不同的媒介具有不同的物质和符号形态，所以它们也具有不同的内容偏倚；由于不同的媒介在物质和符号形态以及随之而来的理性或知识、感性、时间、空间、政治、社会、哲学思辨和内容偏倚上有种种不同，所以不同的媒介具有不同的认知论的偏倚。

3. 理论命题之三

作为第二个命题的逻辑延伸，媒介环境学进一步指出媒介会促使各种不同的物质的、知觉的、社会的、经济的、政治的和文化的因果关系发生，它们与媒介独特的内在偏倚有关。这一理论命题直接谈到了媒介环境学主要典范的关注点，即技术和文化的关系。媒介环境学正是通过此节点来探究传播技术如何并在多大程度上推进世界上各种不同的因果关系的。

该观点主张技术是社会历史变化的首要决定性因素。

在《媒介环境学：思想沿革与多维视野》的绪论里，林文刚提出了三个"媒介环境学深层的理论命题"：

- 传播媒介不是中性的；
- 传播媒介有七种偏向；
- 传播技术对社会、文化、政治、经济、心理各方面都有影响。

他认为："传播媒介不是中性的、透明的和无价值标准的渠道，只管把数据或信息从一个地方传送到另一个地方。实际上，媒介固有的物质结构和符号形式发挥着规定性的作用，塑造着什么信息被编码和传输、如何被编码和传输，又如何被解码。"①

在这样的理论表述层面上，一种媒介的符号形式产生其编码的特征，而媒介则用这样的编码来表达信息；同时，媒介的符号形式又决定着符号组合的结构。每一种媒介独特的物质特征和符号特征都带有一系列偏向。

这一系列偏向指的是：思想和情感偏向；时间、空间和感知偏向；政治偏向；社会偏向；形而上偏向；内容偏向。

传播技术促成的各种心理或感觉的、社会的、经济的、政治的、文化的结果，往往和传播技术固有的偏向有关系。

1996年，波兹曼在《教育的终结：重新界定学校的价值》里对媒介环境学的十个命题做了这样的总结：

---

① 林文刚编：《媒介环境学：思想沿革与多维视野》，何道宽译，北京大学出版社2007年版，第30页。

- 一切技术变革都是双刃剑，利弊同在，都是浮士德式的交易；
- 新技术使有些人获利、有些人受害；
- 每一种技术都有一种哲学理念，都会对人产生深刻的影响；
- 一种新技术往往挑战一种旧技术，在时间、注意力、金钱、威望和“世界观”上向旧技术发起进攻；
- 技术变革不是叠加性的，而是生态性的，一种新技术并非仅仅是追加什么东西，而是改变一切；
- 因为信息的编码是符号的形式，所以不同的技术就有不同的思想和情绪偏向；
- 因为技术信息容易获取的程度和速度不一样，所以不同的技术就有不同的政治偏向；
- 因为有不同的物质形式，所以不同的技术就有不同的感知偏向；
- 因为我们注意技术的状态不一样，所以不同的技术就有不同的社会偏向；
- 因为技术的内部结构和经济结构不一样，所以不同的技术就有不同的内容偏向。

思考题

1. 传播学理论有哪三大学派？
2. 媒介环境学的基本概念是什么？
3. 媒介环境学派的主要研究对象是什么？
4. 媒介环境学派经历了哪三代人？代表人物的主要观点是什么？
5. 媒介环境学派有哪些理论命题？
6. 媒介传播中有哪些偏向？

第二章　媒介文化重构人类生存新环境

本章要点

媒介是新的“自然”、新的环境。新媒介不是人与自然的桥梁，它们就是自然，新媒介不是虚构的、虚幻的，它们就是真实世界，它们为所欲为地重新塑造旧世界遗存的东西，塑造和控制人类交往和行动的方式。

电子技术传递信息是在瞬间完成的，它无处不在，它创造了没有边缘的多中心，电子技术宠爱的不是分割而是整合，它瓦解了线性的逻辑思维模式，去中心、去集权、去权威、专门化而走向非线性的思维、分散的多中心、扁平化组织、无边界的合作，将分割的学科和部门整合成相关联的有机体。

电子媒介传播文化具有以下特质：

- 环形波动传播文化；
- 瞬间性的速度文化；
- 空间性的数量文化；
- 大众性的消费文化；
- 视觉性的感官文化；
- 流动的、流行的文化；
- 非中心的多元文化；
- 无历史深度的平面文化；
- 去边界的整合文化；
- 全球性的同质文化。

橘子有的是甜的,有的是酸的。今天,媒介技术改变了一切!我们正在见证社会文化的普遍重构。地球已不再是国家、民族、地域相分隔的地球,地球已被电子传媒团团包裹,变得越来越小。在现代人的时空观念里,地球已成为一个"村庄",这一切都是电子信息技术、电视、网络等多媒体带来的。这意味着人类的生存环境已经发生了根本的改变,以往人类生存所依赖的自然界已被媒介新环境所取代,媒介新环境将自然界转变成自己的背景,成为媒介使用的内容,媒介成为人类生存所依赖的新环境。在这一新环境里,人类的生活方式发生了根本的转变:新的都市、新的交往方式、新的社区、新的消费方式、新的娱乐方式、新的教育方式、新的情感方式、新的婚姻家庭关系、新的工作方式、新的价值观念……一切都是新的。古老的、传统的、过去的都在逐渐消失、退场或成为艺术品。

媒介是新的"自然"、新的环境。新媒介不是人与自然的桥梁,它们就是自然;新媒介不是虚构的、虚幻的,它们就是真实世界。它们为所欲为地重新塑造旧世界遗存的东西,塑造和控制人类交往和行动的方式。如今,我们生活在技术铺就的环境中,人为的电子信息环境已经取代了"自然"的老环境,占据了优先地位,自然似乎开始成为我们技术的内容。

一、文化转向:媒介文化新环境

我们通常将传统文化视为共同生活在同一地域的某一个民族的生活方式。文化见诸于该民族的艺术、社会制度、风俗习惯以及宗教之中。文化不是一架机器,而是一棵树,因此不能被设计制造。每一种文化都以原始的力量从它的土壤中生长出来,融在民族的血液里,有自己的信仰、观念、生活、愿望、感情和兴衰。当今的文化正在经历一场历史性的大转向,从传统意义上的文化,即民族性、地域性、历史继承性的文化,向超越民族边界、地域封闭,即一种非历史性、全球性、融合开放性的媒介文化转移。传统文化是人类学意义上的,是从土壤中生长出来的根系文化;而现代文化则更多的是通过媒体网络传播的信息符号文化。

"媒介即讯息"。媒介不是汽车而是公路,在一切媒介中,使用者是其内容。媒介文化与传统文化早已不是同样的东西,无论是时空向度还是内容向度,都是不一样的。在人类的新环境里,几乎一切事物都不是硬件,也不是物质的,而是信息和编码的数据，“文化”的含义已经转换成信息、符号的意义。在信息社会里，媒介文化无处不在，“传统文化”正在逐渐消亡。媒介技术在快速发展，任何媒介技术的引入都会导致速度、尺度和模式的变化。媒介正在发挥着对社会形态的塑造和控制的作用，我们将依赖“数字化生存”。

电子技术传递信息是在瞬间完成的，它无处不在，它创造了没有边缘的多中心。电子技术宠爱的不是分割而是整合，它瓦解了线性的逻辑思维模式，去中心、去集权、去权威、专门化而走向非线性的思维、分散的多中心、扁平化组织[①]、无边界的合作，将分割的学科和部门整合成相关联的有机体。

在我看来，电子媒介传播文化具有以下特质：

- 环形波动传播文化；
- 瞬间性的速度文化；
- 空间性的数量文化；
- 大众性的消费文化；
- 视觉性的感官文化；
- 流动的、流行的文化；
- 非中心的多元文化；
- 无历史深度的平面文化；
- 去边界的整合文化；
- 全球性的同质文化。

霍尔曾说，一切人造之物都是人身心的延伸。电子媒介是无形的，它使整个社会成为无形的影像符号或虚拟的现实，与物质的现实拉开了距离，摆脱了对现实的依赖，并且从对现实的责任意识中解脱出来。在瞬间发生的媒介讯息，使人的身份急剧变化，这给人的价值观念带来了极大的冲击，甚至比大规模杀伤武器更具破坏力。在电子时代，新的服务环境对人的身份的改变，使整个社会丧失了个人的或团体的价值观。多元主义的共识观念欢迎所有的社群在大众、民主、都

---

① 扁平化组织：现代企业组织结构形式之一，这种组织结构形式改变了原来层级组织结构中的企业上下级组织和领导者之间的纵向联系方式，平级各单位之间的横向联系方式以及组织体与外部各方面的联系方式等。

A. H. 霍尔(1855－1938)

市、消费、娱乐这个大熔炉里熔化自己的身份。

一切人造的东西都可以当作是过去用身体或身体的一部分所行使的功能的延伸。今天,人在实际上已经形成了对身体一切功能的延伸,其中电脑技术使我们的意识延伸,创造出一种普世一体的环境。人已经功能化了,人与机器共为主体,人自主的主体性逐渐丧失。人的历史感、艺术创造正在走向终结,进入越来越物质消费的社会形态。

信息技术的推进,特别是大众传播的发展,已经导致了社会形态的深刻变化。后现代的经验不是一个地区性的经验,而是一种复杂的全球化的体验,后现代文化是在电子传媒和资本主义全球扩张的环境中形成的。现代社会是一种和传统相对立的文明形态。传统社会是多样化的异质文化,而现代社会是同质性的文化。现代社会以生产来建构社会文化,后现代社会则是一个消费社会。现代社会是一个"出现"的社会,而后现代社会则是一个"消失"的社会。

正如波德里亚所说:"媒介从根本上瓦解了现代社会和现代主体。媒介只不过是奇妙的工具,使现实与真实以及所有的历史或政治之真实全都失去稳定性……我们沉迷于媒介,失去它们难以为继……这一结果不是因为我们渴求文化、交流和信息,而是媒介的操作颠倒真伪,摧毁意义。人们渴求作秀、表演,媒介将使一种新型文化植入日常生活的中心。"①

在波德里亚看来,影像文化是后现代文化的一个根本主题,影像自身的复制、现实的多重性以及虚拟现实都与影像文化相关;波德里亚与利奥塔不一样,利奥塔从"影像文化"中看到了解放欲望、消解理性、促进多元化的可能性,而波德里亚则从当代影像文化的泛滥中发现了"危险"。

影像的"复制"是后现代文化的一个基本主题。现代社会向后现代社会转变的标志就是"复制取代生产"。符号的无穷复制使符号失去了意义和深度,成

① 〔法〕让·波德里亚:《消费社会》,刘成富、全志钢译,南京大学出版社2001年版,第127页。

为“死去意义的代码”或“能指(语言的声音形象)的狂欢”。复制技术通过大众传播媒介用同样的产品和符号对社会实施控制。复制消解意义,使我们面对一个空虚无根的后现代世界。

后现代社会是一个通过媒介和传播而建立起来的传播社会。这个社会完全是按照模拟和仿像[①]的原则建立起来的。符号不断重复循环,文化不再有现代社会那种自律发展的可能性。模拟是指影像符号对现实的替代,影像符号的复制和传播演变成一种仿像,而且与现实本身无关。如此,真理、理论、理性最终也不过是一种自我着迷的虚构。比如,电视在根据编码规则对现实进行了重新诠释后又不加区别地将它们播放出来,这一编码规则既是一种意识形态结构,也是一种充满大众文化意识形态的编码规则的技术结构。一切都是产自编码规则的一种“新现实”的替代品。

“超现实”是波德里亚的核心概念,他认为:后现代社会是一个超现实的社会,人们不是生活在现实社会之中,而是生活在超现实的社会中。在超现实社会里,一切古典原则都颠倒了,符号的制作不再遵循“地域在先,地图在后”(波德里亚提出)的规则,而是“地图先于地域”。“地图在先”的规则是一个巨大的变革,现实的符号取代了现实自身,它们甚至比现实更加真实。现实与非现实界线的消失,对社会和文化的影响是巨大的。如大量的商业广告、被无穷放大的偶像明星、炒作出来的新闻事件,网络上的婚恋游戏也无虚实真假的界线。在美国民主政治选举中,布什也邀施瓦辛格同台表演,把自己装扮成“终结者”似的反恐英雄。

这个世界充满戏剧,而媒体是真正的舞台。

波德里亚还认为,断裂即现代社会所确立的种种边界消失。首先是仿像和现实之间的断裂,这是后现代文化的一个基本特征。在大众传播媒介或大众文化中,各种影像的生产和复制早就越过了现实的边界,使得想象的东西和现实的东西难以区分。此外,信息和娱乐的界线消失,政治和娱乐的界线也模糊不清,高雅文化和通俗文化的界线也已消失,最后,媒介和社会也出现断裂。

---

① 仿像:近现代艺术与哲学领域的重要概念,是在真实与虚假之外对主观感受的具象表现,一直是艺术价值取向问题中争论的焦点。

二、真实虚拟的文化

信息技术革命造就了三种新事物——一种新的支配性社会结构，即网络社会；一种新经济，即信息化、全球经济；一种新文化，即真实虚拟的文化。而深入植于这种经济、社会之内的逻辑，已经成为相互依赖的整个世界的社会行动与制度的基础。

信息技术革命引发了信息主义的浮现，并成为新社会的物质基础。在信息主义之下，财富的生产、权力的运作与文化符码的创造变得越来越依赖于社会与个人的技术能力，而信息技术正是此能力的核心。信息技术变成有效执行[①]社会——经济再结构过程——的不可或缺的工具。特别重要的是它所扮演的角色，提供网络化的发展成为人类活动组织的动态的、自我扩张的形式。这个占主流优势的网络化逻辑转化了所有社会与经济生活的领域。资本主义与国家主义的经济发展模型都出现了危机，并促成它们从 20 世纪 70 年代开始进行再结构。在资本主义经济体中，企业与政府在持续采取许多措施与政策的同时产生了一种资本主义的新形式，其特色为核心经济活动的全球化、组织的弹性化以及在劳动关系的管理上获得更大的权力等。

1. 权力的流动转移

在某种意义上，政治系统中的权力显然不是影响力缺失，而是已经虚位化了。然而，权力并未消失。在一个信息社会中，它变得铭刻在根本的层次上；在文化的符号中，这些文化符码再现了人们与机构、制度的生活与决策，包括政治决策。因此，权力虽然真实，却变得是无形的了。

信息时代的权力战斗是文化的战斗，而媒体则是主要的战场和战斗工具，但是媒体本身不是权力的所有者。权力所具有的强制行为能力存在于信息交换与象征操弄的网络中。长远来看，谁在权力中真的不再重要，因为政治角色的分配已变成普通的与轮流的。因此，不再有稳定的权力精英，而是流动的权力精英。文化作为

① 有效执行：是指企业在制定经营战略目标后，利用企业一切资源逐步推进战略目标，最终实现预定战略目标的过程。

权力来源以及权力作为基本来源，构成了信息时代新社会层级性的基础。

2. 真实虚拟的媒介文化

信息时代的流动空间支配了文化的场所空间，无时间性时间成为一种社会趋势。技术将时间压缩成一个微小随机的刹那，因而将社会去连续性、历史去历史化。借着流动空间中分割的权力，资本得以逃离时间，并使历史消融在朝生暮死的文化中，网络社会使社会关系变成了空壳，并引进了真实的文化。

空间—时间的配置形态对于每种文化的意义与其特定的演变而言都至关重要。在信息范型之下，流动空间与无时间性时间取代了地方并废止了时间，新的文化——真实虚拟的文化已经浮现。真实的虚拟性，意指真实本身完全沉浸于虚拟意象的场景和伪装的世界里，其中象征并不只是隐喻，还包括真实经验。但这些并非是电子媒体造成的结果，虽然它们是新文化表现不可或缺的工具。为何真实的虚拟能够占领人们的想象，表征再现的系统，解释在流动空间与无时间性时间中人们的日常生活。所有的表现不是瞬时的就是无可预测的次序，所有时间与空间的表现都混合在相同的超文本中，按照发送者的利益与接收者的情绪不断地重新安排，随时随地传播。这个虚拟性是我们的真实，因为它是存在于这些无时间性、无地方性象征系统的架构中的。这是信息时代新的社会结构，被称为网络社会，因为它由生产、权力与经验的网络组成，在超越时间与空间的全球流动中建构出一种虚拟的文化。在信息时代，全部社会实际上都被网络社会普遍化的逻辑以不同的强度穿透了，它动态扩展，逐渐吸收与制服了先前存在的社会形式。

3. 社会变动的新大道

对网络社会支配性模式的社会挑战，一般以打造自主性认同的形式出现，这些认同置身于网络社会的组织原则之外。信息时代以认同为主营造的社会运动与文化计划的特色是它们并非源自市民社会的制度之内。从一开始，它们就引入了一种另类的社会逻辑，不同于围绕社会支配性制度所营造的运行原则。在信息时代，支配性的全球网络的优势逻辑是如此渗透，以至于离开被支配的唯一方式似乎就是离开这些网络，并在一个全然不同的价值与信念的基础上重建意义。这就是抵抗性认同的共同体的情况。以认同为基础的运动的力量，在我们的社会看来似乎建立在“网络”与“自我”的互动以及网络社会与认同力量的互动之上。

社会变动过程所产生的基本问题是，它们主要是外在于社会的制度与价值，如其所是，它们宁为断片而非重建的社会。我们可能会有各种共同体，而不是转化了的制度。我们会见证部落崛起，而不是社会阶级。我们能观察到支配性的全球精英退缩于由传播网络与信息之流建立起来的非物质的宫殿中，而不是流动空间功能与地方空间意义之间的冲突性互动。同时，人们的经验仍旧局限于多重的、隔离的地域，被抑制和片断化在其存在及意识之中，革命可能内爆，转化为日常无意义的暴力。

文化由沟通过程所组成。一切沟通形式都基于符号的生产和消费。在所有的社会中，人类都生存在象征环境之中并通过象征环境来行动。所以目前以一切沟通模式之电子整合为核心的新沟通系统，其历史特殊性并非是诱发出虚拟实境，反而是建构了“真实虚拟”。一如我们的经验，现实总是虚拟的，因为现实总是通过象征而被感知的，而这些象征以其逃离严格语意定义的某种意义架构了实践。正是因为一切语言都有这种暧昧的编码，并开启了多样诠释的能力，方使得文化表现不同于形式—逻辑—数学的推理。正是由于我们论述的多重语意特性，人类心灵信息的复杂性甚至矛盾特征才得以彰显。信息意义的文化变异如此广袤，新的象征环境并未再现“现实”，它们暗中指涉了一种从来就不存在、“未经编码”之真实经验的荒谬观念。一切现实都通过象征来沟通，对人类而言，不论媒介如何，在进行互动沟通时，一切象征对照于其派定的语意意义，多多少少都有所偏移。就此而论，一切现实在感知上都是虚拟的。在虚拟意象的情境之中，表象本身便成为经验。所有种类的信息全都包藏于媒介之中，吸纳了人类过去、现在和未来的所有经验。

这种以多种传播模式之数字化与网络化整合为基础的新沟通系统，其特性是一切文化表现的无所不包与全面涵盖。由于它的存在，新社会中的所有信息均以一种二元模式运作，亦即在多媒体沟通系统中“出现”或是“缺席”。唯有在这个整合系统中出现，信息才得以沟通与社会化，其他所有信息则被化成一种个人想象，或是日渐边缘化的面对面接触的次文化。从社会的角度来看，以电子为基础的沟通才是沟通。只有新沟通系统的多样性、多重模式以及易变特性，方能够涵盖与整合一切表现形式，若要纳入这个体系，必须付出的代价是要能适应其逻辑、语言、进入点以及编码与解码模式。就不同社会效果而言，重要的是应该发展出多重节点、水平沟通的网络，像互联网那样，而非一种集中分配的多媒体系统。为这个沟通系统设置进入障碍，以及为信息在整个系统里的流通和传播制作密码，都是新社会的重大文化战役，其结果如何便预先决定了这个新历史环境中的命运。谁是这个新系统中的互动者、谁是被互动者，大抵已经框定了信息社会里的支配系统以及解放历程。

将大部分的文化表现纳入以数字化电子生产、分配与交换信号为基础的整合沟通系统中，对社会形式与过程会产生重大后果。一方面，这种情况大幅度地削弱了传统上外在于该系统的发送者的象征权力，这些发送者以含有历史性编码的社会习惯来传输，如：宗教、道德、权威、传播价值以及政治意识形态。并不是他们消失了，而是除非他们在新系统中为自己重新编码，否则就会日渐没落。如果将他们通过精神传输的习惯予以电子物质化，他们的威力将会倍增。在我们的社会中，比起那种遥远的、具有领袖魅力的面对面传输方式，电子传教士与互动式基本教义派出网络，是更有效率、更具穿透性的教化形式，但它必须对众多信息在同一个系统里共存的世俗状态有所让步。至高的精神力量依然能够征服灵魂，但却失去了其超越人类的地位。随后便是社会世俗化的最后一步：社会最终真正地解魅了，因为所有的惊奇都在线上，而且可以结合成为自我建构的意象世界。

新沟通系统彻底转变了人类生活的基本向度：空间与时间。地域性解体脱离实际的文化、历史、地理的意义，并重新整合进功能性的网络或意象拼贴之中，导致流动空间取代了地方空间。当过去、现在与未来都可以在同一则信息里被预先设定而彼此互动时，时间也在这个新沟通系统里被消解了。流动空间与无时间性时间乃是新文化的物质基础，超越并包纳了历史传递之再现系统的多种状态，这个文化便是真实虚拟的文化。

4.一种新文化正在成型:真实虚拟的文化

当今,社会发生了深刻的技术转变,也就是各种沟通模式整合入一个互动式的网络中。换句话说,通过"超文本"(用超链接的方法将各种不同空间的文字信息组织在一起的网状文本)和"元语言"(当我们讨论一件事物时,我们所使用的语言被称为元语言)的形成,历史上首次将人类沟通的书写、口语和视听模式整合到一个系统中。通过人脑的两端,也就是机械与社会脉络之间的崭新互动,人类心灵的不同向度重新结合起来。随着所谓的信息高速公路滚滚而来的科幻意识形态和商业促销,也令我们无法再轻视其重要意义。将文本、意象与声音整合进同一个系统,在开放且可以获得读取路径的条件下,于不同的地点和选定的时间里在全球网络上互动,这种做法确实彻底改变了沟通的特征。沟通确定无疑地塑造了文化,我们并非如其所然地观察现实,而是见到现实在我们语言里的样态。我们的语言便是我们的媒介,我们的媒介是我们的隐喻,我们的隐喻创造了我们的文化内容。由于文化经由沟通来中介与发动,因而文化本身,亦即我们在历史上创造出来的信念与符码系统,受到新技术系统的影响而有了根本的转变,这种转变还会随着时间的推移而日益加剧。

新电子传播系统具有通达全球、整合所有沟通媒介以及潜在互动性等特点,它正在改变我们的文化,而这个改变会行之久远。如果不能分析新电子传播系统影响下的文化转变,那么信息社会的整体分析就会产生根本的缺陷。对新沟通系统的主要成分之一,亦即环绕着电视而构成的大众传播媒介,已经有详尽透彻的研究。早在20世纪60年代,在传播方面有革命性思想的前瞻者麦克卢汉便已预见到新沟通系统的全球化与分散化的发展趋势,以及与文化和社会行为之间的交互作用。分散化与多样化的"新媒体"的出现,为20世纪90年代多媒体系统的形成预先做好了准备。一种不同的沟通系统,围绕着电脑网络而组织成型,并伴随了互联网的出现以及新虚拟社群令人惊异的自发性发展。新沟通系统尝试整合我们对这两个系统的认识,思考这两者逐渐融合的社会影响,以及此种融合对沟通过程与文化表现造成的冲击。我认为,通过新沟通系统的强大影响力,以及社会利益、政府政策与商业策略的中介,一种新文化——真实虚拟的文化正在成型。

三、美学的转向：生活审美化，审美生活化

在传统美学中，艺术应是艺术家主体的创造。在电子媒介的新环境里，大众文化和文化产业已经把个人这个主体淹湮了。在主体消失的后现代，经典意义上的审美已经消失，传统美学理论也已经失效。我们面对的是一个后审美的社会和文化。随着大众传播的扩张，“文化”已变成并不指涉现实的影像的无限生产和增值。艺术也完全被“仿像”和“超现实”化了。美学已不再局限于传统的艺术领域，它已渗透到政治、经济、文化、日常生活的各个方面。艺术已无限地扩张、泛化了，现代艺术追求的自律已经被消解——生活审美化，审美生活化。艺术消亡逻辑进入市场的审美价值越高，我们做出的愉悦的审美判断的可能性就越小。

本雅明认为，西方文化发展到当代，已经导致了一种新的文化的出现，它取代了旧的文化——以韵味为标志的传统艺术，被以机械复制为特征的非韵味艺术所取代。从膜拜价值到展示价值，从独一无二的本真性到无穷复制性，从有距离的审美静观到无距离的直接反应，从个体的品位到群体的共同反应，从永恒性到可修改性，这些都是韵味衰落的历史表征。机械复制时代的总体性规定就是震惊。

传统美学与后现代美学已经发生了根本的转向，它们的趣味偏向是不同的。传统美学强调艺术的自律性，艺术是与现实相分离的孤立领地，艺术高于生活，甚至有人提出“为艺术而艺术”。而在当代大众媒介传播中，大众的数量、需求、趣味、消费、娱乐已经取代了少数精英的趣味、个人化的审美体验，并打破了高雅与通俗之间的界限。电子传播的受众是空间性的、数量性的、群体反应的、感觉感官的。因此，传统美学的“意境”“韵味”规则几乎失效。

我将传统美学与当代美学作了如下比较区分：

传统美学	当代美学
韵味、意境	无韵味、直接反应
高雅	通俗
少数精英文化	大众消费文化
时间性的	空间性的
个人审美体验	群体共同反应
生命、心灵、审美意识的愉悦	感觉、感官的震惊、刺激和体验
艺术与生活有距离，艺术高于生活	艺术与生活无距离，生活审美化
追求崇高、真理、理想	追求轻松、娱乐、消费
个人风格的表达	拼贴、包装、模仿、嬉闹
艺术性、导向性	对话性、接受性

如今，媒介是社会的先锋，绘画、音乐、诗歌的先锋已经不复存在，媒介本身就是先锋。在信息社会里，美学也发现自身已转移到感知领域，并开始转向以感觉为核心的生产，追求视觉快感、感官刺激和震惊。沉浸于快感的文化消费之中成为大众的基本需求。

四、商业文化与大众消费文化

在当代大众传播支配的社会里，媒介文化已经无所不包，文化、工业生产和商品已经紧紧地结合在一起，如电影工业、电视产业、音像制品、互联网络、游戏软件等。在20世纪七八十年代的中国，我们还将文化理解成看经典书籍、欣赏小说诗歌等文学作品、听高雅音乐、观赏绘画、看戏剧戏曲，文化仍然是逃避现实并获得审美愉悦的一种方式。而到当下大众传媒时代，文化已经完全大众化了，高雅文化与通俗文化之间的距离消失。商品化进入文化意味着艺术品正在成为商品，当代的文化艺术都转向文化产业，当今的电影、电视、网络大量进入人们的日常生活，成为消费品。精英文化与大众文化之间的界限消失，艺术与生活之间的界限消失，一切都和商品化、大众消费联系在一起。因为这时的文化艺术已经完全是消费社会的一部分。

当今世界，全球已经进入消费社会。消费社会意味着权力转移到消费者手上，文化艺术转变为满足消费者的文化商品，大众传媒也越来越受到商业资本的掌控，商业广告狂轰滥炸，到处都是商业社会制造的偶像明星，大众传媒制造的“英雄”统领大众消费明星代言的商品。

消费社会价值认同的形成具有相当复杂的社会机制，除了整个生活质量、文化信念、消费程度的社会价值认同外，主要是个体身份的认同，即在社会生活中找到自己的位置，获得整个社会的反馈和公认。在波德里亚看来，商品消费的象征符号表达不仅是某种流行样式风格，还是名牌、声望和权力。人们在消费商品时已不仅仅是在消费物品本身，还在消费物品所代表的社会身份、符号价值，如富贵、浪漫、时髦、前卫、归属感等象征价值。消费者在一种被动迷醉状态下被物化成社会存在中的符号——自我身份确认。应该说，用消费主义理念支撑的社会，完全变成了以大众媒体与商业文化为主导的消费社会。

社会中大众传媒是真正连通消费的血脉，我们必须反思电视、网络媒体所充当的社会角色，它们在大众消费社会中传播的就是大众消费文化，它们就是要让受众轻松、娱乐地消费文化，积极互动地参与商业广告吁请的商品购物行动。这是权力转移到消费者的时代，是大众参与话语权的时代，是大众享有超级民主的时代。这一权力的转移是话语权的转移，从一种声音转移到多种声音，成为一个多元化的话语权，消除传者与观众的紧张、单向的关系，受众不再是被动的接受者而是积极主动的、互动交流的参与者，电视文化、网络文化成为真正的人人都可参与的文化广场。我们进入了平等、平行、双向互动的传播时代，进入了多元化和差异性并存的宽容时代。

我们必须清醒地认识到消费社会大众传媒的性质，如此，我们媒介文化的传播者才能明晰我们新的传播理念；我们只有清醒地认识到这个时代的文化转向、美学转向以及社会形态转向，才不会迷失在文化艺术的混乱与深度梦境里。

我个人认为，大众文化传播应该建立的新传播理念是：

- 群体的共同反应；
- 互动参与性；
- 多元交流、差异对话性；
- 消费的娱乐性；
- 生活的真实性（与生活无距离，平民视角）；
- 生活审美化，审美生活化；
- 生活服务性。

我们逐渐明白：受众是中心，我们不要总想去教导他们；艺术是光晕，我们不要迷恋它；生活是真实，我们要走近它；大众要消费快乐，我们要去愉悦他们。尽管这个世界不尽如人意，我们也要用爱去抚摸它。

思考与研讨题

1. 如何理解文化这一概念，什么是媒介文化？
2. 媒介文化与传统文化有何区别？
3. 如何理解文化转向？如何理解媒介文化新环境？
4. 如何理解真实虚拟的文化？
5. 如何理解当代美学转向？什么是生活审美化、审美生活化？
6. 何为大众消费文化？
7. 如何理解消费社会里的商业文化？
8. 媒介文化有哪些特征？
9. 如何认识当代的媒介文化传播新理念？

第三章　麦克卢汉的洞见

本章要点

马歇尔·麦克卢汉(本章简称"麦克卢汉")的研究方法是独特的,他不是从固定的观念、概念出发,而是从整体环境界面入手,在界面的相互动态关系中发现洞见。他颠覆了理性、逻辑、分析、连续性、概念的理论学术方法,他的方法更像象征主义艺术和现代艺术相结合的艺术方法,他只是探索、发现、洞见,而不解释、分析、推理。他故意用格言警句似的语言风格来传达自己的思想。他采用了马赛克结构的研究方法:并置发生、发现洞见,是非连续性的思维方式,使用直觉的感知能力,取消各专门学科的边界,利用横向意识的相互作用,对话、碰撞并产生新发现。

麦克卢汉深深了解电子媒介是光波传播,"媒介即信息"。电子媒介已铺就了整个隐蔽无形的环境,而这个电子光波网络已把地球包裹了起来,地球就成了人造的环境。我们人类在光波传播的信息环境中生存,过着光速下的生活。他说,电子媒介将人的中枢神经系统延伸出来了,电子媒介是我们人类新的感知模式,时间是瞬间,同步发生;空间可无穷复制、流动。人的性质完全发生了改变,"肉身成道,无形无象的人","处处是中心,无处是边缘"。

图 3-1 马歇尔·麦克卢汉(1911—1980)

麦克卢汉的声音随着新媒体的不断出现而不断回响,他的预言还在一个个地实现,并愈来愈清晰。其实,未来的结果早已包含在光波传播的本质特性中了。

麦克卢汉 1911 年生于加拿大埃德蒙顿市,他是影响最大、最著名同时又最具争议的媒介环境学家之一。他是该领域的集大成者,在 20 世纪 60 年代末首创了"媒介环境学"这个术语,是媒介环境学的教父。人们通常称他为预言家和先知,可他说他从不预言,而只是深深地扎根在此时此地,但是未来已包含在现在里了,当你真正了知当下媒介的特性及环境,你就会发现当下就是未来,结果会在未来发生。

麦克卢汉 1964 年出版了《理解媒介》,此书一出,震惊世界。半个世纪过去了,仍有很多传播学者反对他,可历史不断证明他的先知般的预言、"梦话"都变成了现实:全球同步一体化、地球村、互联网、人的中枢神经的延伸、重新部落化、西方转向东方的灵性之旅、东方转向西方的技术与物质追求等。

麦克卢汉的研究方法是独特的,他不是从固定的观念、概念出发,而是从整体环境界面入手,在界面的相互动态关系中发现洞见。他颠覆了理性、逻辑、分析、连续性、概念的理论学术方法,他的方法更像象征主义艺术和现代艺术相结合的艺术方法,他只是探索、发现、洞见,而不解释、分析、推理。他故意用格言警句似的语言风格来传达自己的思想。他采用了马赛克结构的研究方法:并置发生、发现洞见,是非连续性的思维方式,使用直觉的感知能力,取消各专门学科的边界,利用横向意识的相互作用,对话、碰撞,产生新发现。

麦克卢汉深深了解电子媒介是光波传播,"媒介即信息"。电子媒介已铺就了整个隐蔽无形的环境,而这个电子光波网络已把地球包裹了起来,地球就成了人造的环境。我们人类在光波传播的信息环境中生存,过着光速下的生活。他说,电子媒介将人的中枢神经系统延伸出来了,电子媒介是我们人类新的感知模式,时间是瞬间,同步发生;空间可无穷复制、流动。人的性质完全发生了改变,"肉身成道,无形无象的人","处处是中心,无处是边缘"。

我们学界对麦克卢汉了解不多，研究更少，只有何道宽先生翻译了多本麦克卢汉的书，为我国对麦克卢汉理论的研究作出了令人钦佩的贡献。

一、"媒介即讯息"

我们的研究首先要跳出以往的圈子。麦克卢汉有一个很重要的观点：新环境。这个地球延伸了。所谓延伸是什么呢？被我们的媒介——电子媒介包裹之后，这个地球变成了一个扁平化的地球，速度非常快，地球变扁平了。这个包裹意味着这个电子媒介是数字化的，人造卫星发射之后，把地球包裹，人类把地球编程了，这个地球将成为人造的电子媒介铺成的环境。

麦克卢汉是一个天才人物，他在1964年就撰写了《理解媒介》，他透彻地理解了媒介，理解了媒介的特性，理解了技术发展对人的改变，所以他才能有所预见。

他与其他所有的传播学者不同之处就是预见了新环境。地球原来是一个土地的概念。土地是不流动的，而电子媒介是流动的，这是完全不同的。我们的传统文化在土地上是一个垂直生长的、有历史、有民族、有根的文化，所以我们以往几千年的生活方式没什么变化。关于传统文化，无论是汤因比（1889—1975，被誉为"近世以来最伟大的历史学家"）还是斯宾格勒（1880—1936，德国著名的历史学家和历史哲学家），这些人对历史形态的研究，有的说是二十一大形态，有的说是七大形态。比如说：古希腊文明、古埃及文明、巴比伦文明、玛雅文明、印度文明、中国文明，还有近现代的欧美文化。这些文化类型都是指的传统文化，它们都是有根的。但是现在的文化就不一样了，以前的文化都是垂直生长的，是在地球上种植的文化；现在的文化是横向的，我们经历的媒介文化、信息文化，来自四面八方，每天都在覆盖，完全没有根。我们打开电视、互联网，全世界的信息，从四面八方来了：一是通过新环境来的，不是来自地球的土地环境。所以以前的观点：土地、国家、民族、习俗、几千年不变的延续的生活方式，在这一刻都彻底改变了。不仅因为新环境，而且这个新环境还完全改变了旧环境。从这个向度来看，现在的媒介文化是流动的、全球化的，而且对传统文化确实是一个颠覆。文化把以往意识中的时间、空间都改变了。时间上瞬间就来了，而且空间上没有了距离。我们天天在家看电视，世界上所有事都在眼前发生，意味着距离消失了。所以，媒介文化已经改变了我们的意识，改变了时间、空间，把地球完全重新塑造了。

地球被媒介包裹了，而且数字化了，我们可以给它编程。所以麦克卢汉所在的是从上往下看的一个视野。当你从上面观照整个地球的时候，被观照的地球已经不一样了，延伸了好多倍，而且你再也不会用传统的眼光去看了。从地球之上观看时，社会结构的变化就很容易被观察到，这就是麦克卢汉的视野。

现在轰动的《2012》这部电影做得很真实，数字化的处理方式使它看起来比真实还真实，所以说它已经制造了很多景象、景观。这景象、景观是数字化的，是符号做成的，它不再是虚幻的。它是仿真世界，是地球延伸出的世界。媒介重塑了世界，以前的国家、历史的概念都被重新塑造了，现在只有世界史。无论是“9・11”还是伊拉克战争，都是世界史。因为全球都在通过媒介瞬间连通，无时间，无距离，同时、同步地进行。

图 3-2 电影《2012》

事实上，现在各个学科都内爆了，就像爆米花似的。原来没有内爆，但它里面有能量，我们向里面挖，而现在内爆了。各个学科在电子媒介环境中，一下全炸开了，成了“爆米花”。所以，媒介文化已经成了我们这个时代的文化形式。传播学把各种学科、边缘学科并置在一起，产生了新的东西。

电子媒介已经成为社会的形式，比如语言、形式相当于语法，如同下象棋、围棋，相当于下棋的规则。我们的语言讲来讲去，千言万语，还是要用语法规则，这就叫形式。这意味着电子媒介成为社会结构的形式了。在信息社会，人类现在都要数字化生存。数字化生存意味着在电子媒介、信息里生存。因为电子媒介把地球都编程了，我们的生活越来越数字化。

尼葛洛庞帝专门写了一本书叫《数字化生存》。人越来越适应数字化，越来越适应数字编程的程序，越来越信息化。这个改变不是一点点，我们人类这二十年的改变，比原来几千年的改变都要大。尤其在互联网出现之后，人类的生活方式、生存方式完全改变了。这意味着对媒介的研究成了极其重要的学科。以前，很多研究视野很窄，媒介研究仅仅被当作一个新兴的、边缘很窄的学科，在视野上根本就没把媒介看成一种社会形式和文化形式。文化形式就不是一般的方式了，各个学科也都会让这个形式来改变。哲学、文学的很多方面都在往这个形式上靠，这是因为媒介对我们社会的影响，所以叫信息社会。

地球越来越成了一种感知的艺术形式，一种可以从生态角度编程的环境。在新的环境中谈人类、社会、人的变化。“漩涡”是人类媒介环境的新时空维度。如果从太空上看，大气就是一个漩涡，罩在地球上，很像太极漩涡。媒介现在也构成了这样一个漩涡，把地球包裹起来的正是这个“漩涡”，是新的时空维度。

企业都在扁平化，业务流程都要改变，企业都要改变。为什么要改变？就是因为地球的扁平化。信息在流动，速度在流动，需求在流动，企业如果不按照这个结构就流动不了。中央电视台的所谓大编辑部，就是按扁平化改变业务流程。这意味着我们人类的结构、生存方式都要适应这个漩涡，否则，你就被淘汰了，你被新的环境抛出去了。

世界是平的。电子波动传播可以穿过墙而无处不到。今天，全球的电子信息流动是同步的。我们从机器时代进入电子同步时代，我们考察一切变化也应从线性的、分析逻辑转向同步视野，并具有同步一体世界的敏感意识。时空都压缩在此时此刻同步波动的平面中，时间、空间转化成信息流动，成为全球同步的共同意识，人的意识被限定在人造的媒介环境中。

我们的视野——人类的生存一定要进入这个“漩涡”——来研究我们的生存方式。有了这个视野，我们才会对媒介文化、信息社会和全球化有一种了解。这种媒介文化传输之后，意味着人的关系越来越是一种快速的、平面的关系。

组织关系都平面化、扁平化了，文化便成了流动的、流行的、消费的。没有这样一个漩涡，没有电子媒介，就没有全球化。

麦克卢汉说了很重要的一句话：“媒介即讯息。”这句话隐含着一个信息环境，媒介就是环境，你就生活在这个环境里面。它不仅仅是媒介，它就是信息，就是内容，就是文化。如今对文化的理解已经完全不同了。在媒介新环境里面，文化的含义现在已经就是信息，信息就是文化，所有媒介传播的信息都是文化。这个信息是符号化的，在信息社会里，媒介文化无处不在，已经把整个地球覆盖了。所以，传统文化开始消失。现在文化越来越全球化，以前有根的、民族性的东西都在消失。媒介形态正在起着塑造、控制的作用，越来越依靠数字化生存，这就是媒介文化。

研究媒介文化，要先了解了电子媒介的特性，这样才能够了解文化为什么这样发展。首先，媒介是电子波动圆形来传播的文化。以往的媒介包括电影在内，是机械媒介，是线性的。这可能改变你整个的研究媒介的观点和视角。

电子媒介带来的是波动、圆形的传播，无论是电视还是互联网，都是波动的传播，不是线性的传播。我们的环境是一个越来越波动的环境，这意味着没有中心。以前有一个中心，现在是双向传播，受众本身就在创作信息，他们既是传播者，也是消费者，又是生产者。现在人人都是生产者，任何人传播的信息都不是边缘，都可以马上进入中心。

观察电子媒介的特性，可以发现我们的文化、社会都在按照这些特性运行。我们人类的行为方式也越来越跟随这些特性。圆形传播跟量子力学是很相似的，我们生活的世界不像物质世界了，而越来越是一个波动的世界。它没有中心，却到处都是中心，没有边缘。

以前的学科都在融入这个媒介环境。以前的学科是一种分割的、专门化的划分，而现在是一个越来越波动的环境，这个波动的环境改变了我们的思维方式，时间、空间都被超越了。瞬间性的速度文化，尤其是3G技术的到来，使人完全可以超时空地在一起，可视电话一打，人和人马上都看得到彼此，圆桌会议通过手机就可以实现。距离完全没有了，这都是电子媒介带来的结果。这使得人们的工作方式、生活方式都发生了改变，这个改变都来自电子媒介的特性。

同步、瞬间，这是这个时代非常重要的术语。同步、瞬间都是波形传播的特性、电子的特性、技术的特性。同步到达的信息，就会成为大众信息。正是因为有了圆形的传播，才可能聚集大众。这个大众是无形的、巨大的力量，我们所有的文化、生活方式都要依赖这个“大众”。

现在传统的精英的戏剧、音乐、绘画都在消失，因为大众出现了，而且我们无法抗拒这个大众。以前，媒介带来的是公众，报刊、杂志带来的是城市的公众。电子媒介瞬间就把全球所有的人都聚集起来了，所以到了电子媒介时代才有“大众”这个概念。大众强大的无形力量形成了，谁都抗拒不了，这时候的文化，作为个体的意识表达的东西都在消失。所以说，现在波动的技术特性决定了文化的大众性，大众媒介文化的快速流动是消费性的，不再有韵味。

由于媒介是不断流动的，所以现在的大众文化就是流行的、流动的文化。大众不断接触新的媒介、新的感官刺激、新的体验，而这些全都是流动的、流行的文化，不是以前有根的传统文化。互联网上，每个人都有发言权，每个人都有他的态度立场，多元化，没有中心。互联网上没有权威，有权威就会被解构掉，人人平等交流对话，互联网具有双向互动的特性。

现在的媒介都在平面运行，没有什么深度。无深度的平面文化、去边界的整合文化，无论东方还是西方，各个学科的边界都在消失。政治已不是纯粹的政治，文化已经泛化为信息。什么都是艺术，都在这个漩涡里转。了解了这些，才能真正了解我们的社会、文化为什么是这样发展的。全球性的文化越来越同质化，陷在这一个漩涡里转，都在波动的全球这个文化里面转。正是因为这种方式，我们的文化、艺术、生活方式、各个学科的发展、人的性质的改变，都逃不出这个漩涡，并越来越按照这种性质被塑造。所以只有理解了电子媒介的特性，才能研究媒介。

“媒介即讯息”是一套隐蔽的服务环境，使人发生改变的正是这样的环境，使人发生改变的是环境，而不是技术。

当代正在发生的重大变革之一，是从眼睛到耳朵的过渡。我们大多数人成长于视觉世界之中，可是我们突然面对要在声觉世界里生活的问题，这个世界实际上是一个同步信息的世界。声觉世界是同步的电子世界，这个世界里没有连续性，没有静态，一切都在变化之中。

从视觉空间向声觉空间转化的过程中有一个颇具特色的变化。音乐也发生了这样的变化。旋律让位于新的摇滚乐形式，不再有继续不断的曲调，只有破碎分割的和声，只有节奏和抽象音乐并置而成的抽象艺术。抽象音乐是艺术，但抽掉了里面的关系；抽象雕塑和抽象画是艺术，但里面没有视觉成分，只有声觉、触觉和动觉的形式。

立体主义[①]这种艺术形式同时给你看客体的上下里外的各个侧面，在它同时兼顾各个侧面时，显然就不是视觉，而是声觉和触觉的了。所以，抽象艺术里面的视觉关系被抽掉了。物理学抽掉了物质的关系。1900 年，普朗克在研究量子力学时，抽掉了物质里的一切关系，提出了量子论。简单地说，量子论就是物理学抽去物质时的关系。西方视觉人的问题之一是：总是把一切转化为视觉的语言。除了用视觉的、连接的、理性的方式去理解之外，西方人很难理解事物。牛顿物理学的语言是老式的视觉语言，他完全是视觉偏向的人，他的一切都是分类的、连接的、连续的。现代物理学在视觉问题和声觉问题上遇到了许多困难。比如，他们就不知道选择物质的粒子说还是波动说。物质粒子说倾向于视觉，物质波动说倾向于动觉。现代物理学根据不同的感知模式分为许多派别，许多物理学界的顶尖人物完全不能够理解他们本领域里的非视觉特征。

专门化被认为是现代工业理所当然的需要，如今，它已经岌岌可危，角色扮演已经取代了专业分工。妇女解放运动实际上是对电子条件下就业环境的回应，在这样的条件下，大量的信息可以同时为每个人服务。在声觉世界里，同步的信息是声觉的信息，它同时来自于四面八方，我们就生活在一个声觉世界中。我们是否在认真听，并不重要，重要的是我们是否能得到这样的声觉模式。

当人们的听觉受到影响时，他们便不再有目标而定型于角色扮演。角色扮演与目标追求是迥然不同的。在电子条件下，我们正在走向角色扮演。人恐怕多半都难以想象一个生活目标，原因很简单：生活在一个电子世界里，一切都在同步发生。在一切同步发生的世界里，很难坚持一个固定的观点。这个世界变

---

① 西方现代艺术史上的一个运动和流派，又译为立方主义，1908 年始于法国。立体主义的艺术家追求碎裂、解析、重新组合的形式，形成分离的画面——以许多组合的碎片形态为艺术家们所要展现的目标。

化之快，超乎我们的想象；目标实现之快，超乎我们的想象，所以就很难想象一个目标。由此可见，妇女解放运动能深深地扎根于新技术中。许多情况下，过去男人干的工作今天女人有可能干得更好。

电子环境还有一个奇怪的后果，那就是秘密性的丧失。任何形式的秘密都不可能了，专利界、时尚界和政界的秘密都难以保证。在电速条件下，一切都成了X光，秘密能够快速转化为娱乐。幕后的人突然发现自己被推到了前台，秘密终结了，知识垄断也随之终结了。

伊万·伊里奇写了一本书《让社会脱离传统的学校》，他说在我们生活的世界里，信息和答案都在课堂外面。麦克卢汉则建议：解决教育问题的答案不在这里，而是要把问题送进课堂，并发起真正的对话。

人类最伟大的发现之一是蒸汽机上的自控系统，在一切发现中，一切结果都走在原因或发现的前面。结果在这里，原因不久才会出现。结果走在原因被发现之前，原因稍后才来临。

我们生活在一个信息加快流动的时代，很容易接触到过去，所以实际上就不存在过去。一切都是现在。现在很丰富、很复杂、很吓人，所以人们竭力躲避现在。比如，地球卫星和通信卫星构成的信息环境——通信卫星带来的变化非常惊人，人们反而不注意它造就的环境。当我们给地球罩上人造环境时，地球就变成了一种艺术形式，自然就不复存在，自然就进入了人造的环境。有了通信卫星和其他卫星之后，自然界、地球和我们的外部环境就成了人造环境的内容。在电子时代，自然已不复存在，整个地球已经变成了一台教学机器，整个人造环境就成了一台教学机器。

信息传播的速度使地球缩小了，变成了一个"地球村"，空间几乎被压缩为零。这是我们大家实实在在正在经历的革命，这就使过去看不见的各种东西冒了出来，首次为人所注意。每一种新技术发展时，它都会为整个文化创造一种新环境，这个新环境是完全看不见的环境。

二、媒介延伸出人类的新感知模式

一切人造的东西都可以当作过去用身体或身体某部分所行使的功能的延

伸。今天,人实际已经完成了其身体一切功能的延伸,电脑技术使我们的中枢神经得以延伸,成为一种普世一体的环境。媒介技术带来感官的外化,世界已被感官表皮化了,技术扩张立刻形成新的感官比例,新的感官比例又推出一个令人惊奇的新世界。一切个人生活和社会生活都要去适应新技术所建立起来的新型感知模式。

媒介是人的延伸。媒介把人的身体的各个感官全延伸出来了,尤其是互联网的出现,意味着把人的神经系统都延伸出来了。于是整个人类的生存环境被延伸出来。互联网特别像我们的神经系统,整个全球其实就像一个社会身体,因为媒介把它全延伸出来了。互联网一出现,我们全球共享这个资源,就找到了共同生活的环境,互联网成了整个人类的一种交往方式。但是每一个新媒介的出现,都会把人的各种器官加以延伸,我们的腿被飞机、火车延伸了,我们的眼睛被电视延伸了,电脑又把我们的中枢神经延伸了,现在我们人都感官外化了。

这叫什么——人的"内爆"。人的整个内部全部爆炸了,人已经完全都延伸出来了,人已经完全外化、感官化、表皮化了。每一个媒介都会产生新的感官比例,新的感官比例就要求新的世界、新的感受方式,整个新的环境又发生变化,我们又要去适应新的环境。

我们现在三五年就是一个代沟,这是由技术带来的代沟。以前很难有什么代沟,因为生活方式一样,所谓代沟都是自然的、一辈辈的代沟。现在不同了,两三年就出来一个代沟,因为两三年就会有新的技术改进,新技术就会建立一种新的感官方式。电视产生的人不一样,因为电视已经是波动传播了。有了互联网就更不一样了,互联网的人拥有的信息很多,而且比电视那一代人更加积极主动。互联网是双向传播的,人们不像以前那样坐在那里看电视,现在要参与、要投票、也要发言,参与性增强了。互联网背景下成长的一代人是绝对参与性的人,是要表演的人。所以说每个媒介出来都会改变我们的感官,改变我们的生活方式和学习方式。

我们要适应这样一个环境,我们的文化、我们的工作方式、我们的生存方式是波动的,速度很快的,而且是同步到达的。"同步"很重要,我们传统的线性思维方式不能同步地思考多个方面，不能感知各种信息，如果还用以前的思维方式，那就要遭淘汰。波动意味着在任何地方都可以收到，它不需要连续。以前的思维方式：用视觉看是连续的。印刷文化里，任何文章都是这个逻辑，这个逻辑最后会导向一个中心。但是现在电子是同步的、四面八方的、瞬间就到的、没有中心的、不连续的，所以它已经解构了印刷文化。这个印刷文化在西方，正是对应着西方的现代性。所以西方现在走向了后现代。因为波动，使用电子媒介，就要走向后现代。西方人在印刷文化、视觉逻辑方面是占有优势的，所以建立了以前的机械文明。

西方人用的是拼音文字。麦克卢汉一再说：拼音文字，字母完全是组合的，没有任何含义，不同的组合就会产生不同的词语。单词全部是分裂的，它是靠逻辑组合而形成的，所以它是线性的思维方式、分析方式。所以西方人发展了科技，因为科技就是这种逻辑思维方式，印刷文化发展得很快。

但是，现代性文化开始坍塌了，因为印刷文化是用逻辑建构起来的，现在到了波动的电子环境，一切都改变了。电子媒介是全感知的方式，信息来自四面八方，越来越适宜有感觉的人，世界会逐步这样。比如，未来的电子媒介环境是适合女性发展的。所以整个方式都在改变，媒介带来的全感知的方式是同步、瞬间的。

媒介是我们人体官能的延伸，是破天荒首次在人体内外同时创造出来的感知系统，全感知的方式成为我们的外部环境。电子信息造就的波动圆形传播是双向、同步、瞬间性的，也是非连续性的，它解构了印刷文化的逻辑线性方式。电子时代，东方心灵感知式的人闪亮登场。技术使东方西方化，也同时使西方东方化。

如果我们能够理解其威力和影响，它们就能够立即成为个人平衡和社会平衡的手段。这样看来，我们珍惜的价值比以往任何时代都更加生机勃勃。认知和再认知是最高级的人类行为，是人类共同的，我们用艺术形式将其外化出来或说出来。迄今为止，这些艺术形式常常被精英当作消费品享用。然而，电子信息流动以及随之出现的人类表达和交往方式，一定是以生产者为导向的。令精英震惊的是，受众日益深刻地卷入创造行为中，因为长期以来，精英们对艺术的取向都是以消费者为导向的。精英文化与通俗文化的二分方式，就像个人与社会的二分方式一样，是过渡时期一种让人不舒服的分割方式。当新技术浸入印刷术时，如果我们面对滚滚而来的电子形象束手无策，我们就看不见我们所承载的新模式。在这个时代，非印刷媒介、非言语交流已经成为规范的正常态，我们陷入了担心文字文化消亡的恐惧之中。然而，正是这些损害旧文字文化方式的新模式给我们打开了大门，使我们意识到词语的构成和作用是复杂而宝贵的，它们在我们的生活中发挥着深层的作用。这样的新知识使我们获得了更好的语言知识和更好的阅读习惯，这个效果是显而易见的。我们更加仔细地看看组织世界的情况就会发现，乍一看扼杀产业界个人传播技术的改进，导致了对创造性的强调，各级组织的决策都更加强调创造性的自主行为。起初，这种变化使守旧的劳动分工者非常痛苦，他们高叫"不确定的经济"。今天我们就很清楚，变化是我们社会的常态，而且要完全适应变化是不可能的。相反，我们没有时间去调整和取代我们对变化过程的理解。今天，机械时代的原子化和非人性的团队模式正在消解之中，正在退出历史舞台。我们大多数人会怀念这些模式，原因很简单，它们代表着我们塑造和抗拒的世界。不过我们也看到，过去那种不妥协的僵化态度已经让位于新的流动性与灵活性，这需要启动每个人心灵里的资源。我们可以随处看到新形式和新需要。过去作为精英奢侈品的高等教育，如今已经成为普通生产和计划程序中最普通的必需品。当奢侈品成为每个人指望之中的必需品时，我们是否会更加喜爱这样的奢侈品呢？答案是非常肯定的。这是因为，我们的同伴掌握的知识越多，我们使用知识和交换知识的乐趣也就随之而增加。如果使用知识和交换知识能够提高人生的品质，电子时代的人就会首次享受到普遍的机会而成为非常充实的人。不过对有些人而言，人的对话延伸到拥抱全人类和一切知识的时候，全世界就成为一台计算机了。

三、声觉空间意识与重新部落化

1.声觉空间意识与重新部落化

声觉空间是一个球形，没有中心。因而它处处是中心，没有边缘，是电子人的空间,是全息感知空间,是电子技术的同步空间。而视觉空间是连续的、同质的、静态的。研究环境和漩涡的作用都必须从结果入手,结果是感知,而原因往往是概念。我们同时生活在过去的一切文化中,一切过去、将来都在此时此刻的瞬即信息中。这就是声觉—触觉界面产生的感知模式,它已经成为我们的生活方式。活在当下生命圆环感知中,我们进入了光波信息速度的生活,因此要用当下声觉意识去感应环境。

人类正在重新部落化,数字技术把纯视觉转换成声觉和触觉。在信息加速的条件下,从旧技术的意义上说,人类正在重新部落化。所谓部落式生活是新技术意义上的生活,也就是倚重耳朵而不是倚重眼睛的生活。“卷入”这个词取代了“避世”这个词的地位。在书籍和电影的时代里,人人都被指责为逃避现实,如今的人却被指责为卷入现实。“酷”原来的意思是超脱,现在的意思却是参与。“酷”的意思发生了逆转,这是事态发展的非常明显的指针。

重新部落化是技术层面上的事情,在技术问题上,持道德判断和价值判断似乎是徒劳无益的。毕竟,技术是我们加在自己身上的东西。

另一个变化是西方世界向东方世界的迁移,因为它发生在我们眼前,所以它是一目了然的。换句话说,我们正在用技术使东方西方化,把旧技术输送到东方使之西方化——这说明万物都具有教学机器的作用。军队是教学机器,战争是教学机器,在战争中,整个文化都上了战场。

任何技术都可以创造一个新环境,造就感官的彻底麻木,因为人的本能是躲避未知、奇异的东西,所以人对新环境是浑然不觉的。人们对电子环境一点也意识不到。换句话说,当一种电子技术的信息环境把人们包裹起来时,最早感觉到这个环境的人往往是最偏重听觉的人,也就是最接近整体世界的人。

我们发现,凭借新的电子媒介,我们踏上了重新部落化的道路。长期以来,我们一直在议论个人在大众社会里的悲惨境遇,如今我们却准备描写大众社会在个人主义世界里的悲惨境遇。到了喷气机时代,连轮子都可能重新与动物的形式融合在一起了,轮子是西方机械成就的基础,它最初是从动物的形态中抽象出来的。

从一切意义上来说,语言都是一种大众媒介。语言不是任何一位个体造就的,但是任何人都必须用这个大众媒介来思考、梦想和感觉。西方人正在回到原始的、非理性的那种“神圣”的声觉空间。电视是图像，是马赛克网状的图像，以触觉的价值轰击看电视的人。

在电子时代，时间和空间在很大程度上已经还原为信息流动，所以我们就像古代小型的口头社群一样以神话的方式思考，这是再自然不过的事情。这是因为我们今天很容易感觉到嵌入任何革新里的后果。如果我们看不见这些后果，它们很快就会把我们打得头破血流。

拼音是一种抽象的技术，它把言语的多维度感知转化成纯视觉的感知。拼音文字是文明的语言，因为它们使部落人从复杂的声觉和触觉世界转换到单一的视觉世界。自从“理性”这个词发明之后，我们一直把这个世界称为理性的世界。反之，数字这个科学语言则是把纯视觉转换为触觉和声觉的手段。

拼音文字把理性的、连续和同质空间的欧几里得世界从共鸣的部落世界里驱赶出来；今天，这个欧几里得世界不得不面对电子世界的挑战，因为它已经不太适用且显得多余。数字可以把拼音文字造就的视觉的欧几里得空间转换成触觉和声觉的空间。我们从多重感知的世界抽象出来的代价之一是：如果要恢复与部落世界的联系，我们就必须越来越多地依赖于数字。这是因为，数字或触觉式计量被推向极端之后，就会产生新的电子媒介，这些新媒介回复共鸣的、触觉的世界，把它变成一个直觉的数据，一个无所不包的文化母体。

对称、面积、容积、质量、时刻、力量、速度、加速度等概念，全部是诞生于“线性的”“理性的”世界，这个世界里的一切都是直线的、平坦的、均匀的。我们只能够二选其一：要么摒弃这些基本的理性观念，这意味着一场真正的革命，因为它们深深地扎根在我们的脑子里了；要么修正这些理性的观念，使之适应一个非直线、非平面、非整齐划一的世界。

电子技术可以取代并消解欧几里得的理性空间。在部落的、前文字的社会里，不存在什么主题分割，不存在历史，因为一切时间观念就是“此时此刻”。那时的人还没有固定视点的习惯，所以他们对历史的态度不存在或几乎不存在什么视角。固定视点的习惯是阅读印刷品后自然而生的产物。今天，我们正在构建一切历史文化和历史时期的相互关系。随着信息水平的上升，固定的观点让位于无所不包的、多维度的意识。

报人唯一的编排办法是以马赛克拼图为基础，在一个报头日期之下，把电传打字机送来的文字稿和图片组合成一张报纸。他不会用一个政策的观点对读者说话，而是把读者纳入他那个无所不包的马赛克形象之中。报纸提出“人的兴趣”的时刻就是读者登台亮相的时刻。这一刻启动了一场深刻的政治革命：这就是大众媒介诞生的时刻。大众媒介的讯息不是指向读者的，而是要通过读者来发挥作用。读者既参加表演，又成为讯息。语言就是这样的大众媒介，不过它把使用它的一切人纳入自己的麾下，使人成为讯息的一部分内容。有了电报之后，有了电子信息和同步信息之后，我们就接触到了一个整体场，这是一个部落式的、无所不包的、相同的声觉和口语组成的整体场，这个整体场就是语言。

纸质书消解了对话，创造的却是全新的政治权力和个人交往的新模式。我们的新科学和数学不仅消解了欧几里得的空间，而且在全球规模上重新规划了部落的生活模式。我们必须明白，以电的速度和方式流动的信息为全球范围内的一个口头交流村落创造了条件，因此我们必须做好精神准备，个人与国家和社会相联系的一切观点都可能要走向终结。我们要接受这些后果，就像梦游症患者顺从环境一样，我们要促进技术建立在拼音字母表和印刷术之上的一切价值和制度。

无论古今，前文字的自然人生活的世界图式都是我们在儿童画和原始艺术中所看到的图式，这样的艺术不追随眼睛主导的倾向。在洞穴画里，多层次、多样式的声觉和触觉处于优先的地位，是高于视觉的，言语也是这样的。然而，拼音文字的技术把言语化简为视觉，这就使眼睛凌驾于其他感官之上，对人类来说，这绝不是自然而然的事情。眼睛的官能上升，压倒其他感官，却创造了模仿的奇迹、远景拉近的奇迹，最终还产生了透视和消失点的奇迹。千百年来，我们把这些观点当作自然的、理性的产物。然而，这样的预设并不会与电子媒介的预设相吻合。广播的“讯息”是全球部落化的讯息，它唤起了最原始的记忆，使偏重文字和视觉的人深深地感觉到自己是不完全的人，使他产生一种愧疚的意识：分离的自私意识和个人主义的意识。电视的讯息使触觉指令与流动的世界融为一体。电视来临之后，我们接触到的世界是一个非常内向的世界，世人的目的是追逐时尚，倾向于深度卷入，也就是追求意识和清晰度。这是因为对观察的执着延伸到了对制造和认识的执着、对创造和秩序的执着。电视来临之后，理解创造过程的动力也随之增强。人们常说，20 世纪的重大发展是发现了夜晚的梦的世界。

现在这个环境是越来越用声音来感觉的世界。听觉不一样，听觉会从四面八方来，当你闭上眼睛听的时候，鸟从天空飞过，后面的小虫子在叫，雨滴的声音都可以同步听到。整个人类环境、电子媒介都要求向声觉转变。现在，中心、权威、集权都在瓦解，专门化的分工和专门化的学科也都在消失，人的工作从一个岗位换到另一个岗位，其角色也在互换，越来越走向非线性的思维、分散的中心、扁平化的组织。无边界的合作越来越没有边界，如中央台和凤凰台相比，中央台各个栏目、各个部门都是分割的，条块分割的，不来往，不是扁平化的；凤凰台就不同，它是无边界的合作，是扁平化的。遇到一个重要事件，所有栏目都集中来做。它的人员是流动的，主持人可以在各个栏目间流动，这就叫无边界的合作。所以说要适应这些生活方式、思维方式、工作方式，包括流程都会改变。原来是分割的学科，现在如果把它联合、整合起来就会产生边缘学科，很多学科融合之后产生了新的学科。

图 3-3 凤凰卫视演播室

麦克卢汉很重要的一个观点是我们正在走向重新部落化。这个提法很有意思，重新部落化意味着对口语化的声觉世界的重视。所以说现在的文化，比如电视，都是口语化的人际交流。重新部落化的方式越来越适合东方人、非洲部落人，适应不用拼音文字的非线性思维方式的人的发展。这就是麦克卢汉所说的，媒介越来越重新部落化，越来越适合一些不用拼音文字的人的发展，适合口语表达的人际交流。

媒介技术使西方转向东方，而且必须转向东方。因为媒介技术是圆形波动的，在新的媒介技术面前，以前大脑的逻辑思维不适应了，逼得西方人开始转向东方。这个圆形漩涡是一体的，也使东方转向西方，因为西方的市场、科技也使东方转向西方。所以东、西方在这个媒介一体化的漩涡里面，像个太极，东、西方在相互转换。地球已经被媒介控制了，这个媒介是个无形的环境，我们看不到无形的环境，但这个无形的环境在改变着整个地球，包括我们生活的方方面面。这是因为这个人造的漩涡电子环境使全球一体化，也使东方转向西方、西方转向东方。

声觉空间的意识就是后现代性解构现代性，其根本是电子媒介带来的，是波形传播带来的。讲漩涡的作用，就要研究这个环境，就要从结果入手。我们现在有很多人习惯研究原因，其实很多东西的结果瞬间就到。电子媒介就是瞬间即到，所以你必须要感觉。感知的方式就是从结果去找原因。

由于拥有了电子媒介，我们同时生活在一切文化、一切过去中。过去和未来都在此时此刻的信息中了。在当下，真正的当下是全感知的。并不是说了解当下就是不知道未来，你越了解当下，你对未来掌握得就越好。过去、未来同时到达，它是感知方式。处于当下就是要你从大脑的牢笼里出来，进入当下很静心的感知领域，让你的觉知意识像光一样感知。

过去、未来都在“道”中。只有越感知当下，才越能把握未来。麦克卢汉是很当下的，他说他从来不预言未来的事，只预言当下的事。未来会发生，因为未来就在当下。越处于当下，越知道未来。不是用大脑思考未来，一思考未来就错，它是线性的。但是当你很静心地感知当下的时候，就能够感受到未来。这点很重要，这就像禅宗，是有点东方的感知方式。

东方说当下也好、静心也好，都特别适合电子媒介环境全感知的方式。所以我们现在的生活方式，活在当下，人的生命当下就是一种光波，意识其实是一种光波，我们现在周围的环境也是光波的。如果你的存在状态，是用宁静去感受当下，就更能感知媒介环境。这就是为什么现在东方的东西这么时兴，尤其在量子学出现之后。量子学研究发现，原来量子力学就是中国道家的太极。普朗克非常有意思，他屋里挂的徽标就是太极，他说中国的太极把量子要说的奥秘说出来了，这就是大道。而太极本身就是波动的：道无形。量子学就是把里面的各种物质都抽掉，没有物质、没有形，这就是为什么禅宗一直要说“无相”，说“空”“道”都是无形的。无形是什么？无形是量子波动的方式。它们是相通的，是同一个圆。其实我们现在的电子媒介波动时代，越来越接近道——大道。那我们对这个波动瞬间同步到达的信息，用的不是大脑，用的是感知方式。你越静心、越当下，你对这个世界就把握、观照得越清晰。

技术清除了一切价值和制度，人人都是文化信息的创造者和传播者，共同参与、互动、对话，波动式的圆形传播无处是边缘，无固定的观念可坚持，人人都参与对话的流动。权力的中心转移到了创生信息的大众民间中，草根文化兴起，技术成为推进民主的最大力量。

电子媒介带来的后现代是一个平面的、消费的、大众性的、无中心的后现代。这个后现代一来，权力就转移了，人人都有了话语权。这是互联网带来的权力转移，所以现在的文化越来越倒向民间的草根文化。民间草根文化的力量太大了，每个人都有话语权，每个人都可以传播，每个人都会形成影响。因为它不是线性的传播，它是波动的传播，没有什么固定的中心和权威。电视台现在都在改变，想把任何人都拉到电视上去表演，节目越来越互动。为什么电视会出现这样的变化？草根文化为什么这么兴盛？这都因为电子媒介具有双向波动传播的特性。

媒介融合就是说现在多种媒介越来越融合、杂交在一起，释放出新的能量。任何一个媒介，不管是手机还是报刊都是偏向的。杂交会产生巨大的能量。现在的真人秀节目《超级女声》为什么那么火呢？因为人人都可以参与，参与进去作秀，参与表演互动，然后又在互联网上讨论，之后又用手机投票，是多种媒介融合产生的巨大能量把观众吸引进去了。

电子同步信息世界是一切同时发生的世界，电速条件下是没有序列的，一切在同一刹那间发生。这是声觉的世界，一切同时发生，没有连续性、连接性，一切都是现在。一切运动都是参与性的，结果都是不确定的。没有连续性，只有令人惊奇的东西和出人意料的赛况，只有全身心的介入。在我们原来所处的世界里，人们指望的是一次只做一件事，一切都是线性的、连接的、合乎逻辑的、有导向的。显而易见，对于这个左脑的世界而言，右脑占支配地位是一件坏事情。而我们现在所处的这个世界正在把右脑的作用往下推，因为这是一个一切同时发生的世界、同步的世界。

2. 并置/同步/一体化的环境

当新闻将世界各地放置在一起时，不只是在操纵空间，这些并置将时间相隔很远的文化也归置在了一起。媒介是连接一切历史时代的桥梁，它连接不同时代的能力和它压缩空间的能力一样强大。一切时代和一切地域都成了此时此地，媒介消除了历史差别，现代只有世界史。

都市始终是人们求得交往和知觉同步性的一种手段。都市就是群体同步生活的信息汇聚地，都市引领时尚生活，是市场、网络的交汇中心，都市只是作为旅游者的文化鬼魂而存在。

四、人的身份失落

电子环境使人们彼此介入的程度很深，一件事瞬间同步发生于整体场内，人们瞬间就介入了。在众人中，个人失去了身份感。在深度卷入的世界里，身份似乎在人间蒸发掉了。电视、互联网发展的后果之一是抹杀个人身份，使之让位于角色扮演。大众不同于公众，是同步波动的。深度卷入的娱乐具有大众的性质。一切暴力形式都是对“我是谁”的身份寻求，如真人秀节目、摄影、裸聊、闪客、恐怖片、体育竞赛、行为艺术、身体自残、身体实验、吸毒等。

电视绝对不对个人说话，它对着一个抽象的大众说话。这些大众、互联网导致了个人身份的失落，现代人在个人失落后就特别需要角色表演，真人秀就能满足这种失落的角色表演，人人都可以参与互动，然后大众陷入娱乐。这就是为什么现在整个大众都在娱乐化。

电视具有集体参与的仪式感和娱乐式的角色扮演，电视的马赛克结构网格效果大大超过了广播，它需要感知者参与其中共同完成电视形象。麦克卢汉认为，这使电视成为“听觉—触觉”媒介，这个属性大大超过了电视的“视觉”性。视觉机制是把其他感官的产物转变成符号代码的过程，这种代码只能够靠眼睛来解码。

体育报道的好处是，运动是仪式化的。运动员和观众共同参与完成仪式，其意义远远超过一场球赛之类的普通竞技。奥林匹克有它的团体意义，它本身是在一个宏大过程中举行的仪式和积极的参与。电视有利于培育全球集体参与的仪式性节目，“电视是冷媒介”就是这个意思，电视不是热媒介。报纸之类的热媒介对单一的事件做报道。而电视不善于报道单一的事件，它需要一种仪式、节奏和模式。我们在电视上看到的广告大多数都太热、太专门化，被分割肢解得太零散。广告缺乏一种仪式流动性。广告人知道广告的这个特点，他们正在大力矫正这个不足。我认为这正是奥林匹克这类事件的重大秘密，我们意识到自己正在以集体身份参与一个具有伟大意义的仪式。谁赢并不重要，那不是实质所在。电视能够培养事件中的那种集体参与模式，因此不妨说它倾向于培养模式而不是事件。

电视的要求很高，具有强烈的催眠作用，它需要投入大量的精力，你没有拉开距离的自由。不过，电视的后果之一是抹杀个人身份。看电视的人获得的是团体、同类人的身份，他们失去了对个人身份的兴趣。所以，这是电视隐蔽甚至不知不觉的后果之一。电影不会有这样的后果，电影没有抹杀个人身份。电视是迥然不同的媒介。

新技术产生新情况，人们几乎没有时间去适应新技术，他们很快就被异化了，于是就寻求各种各样稀奇古怪的宣泄渠道，就依靠一些面具去确立自己的身份。娱乐业已经成为人们确立自己身份的途径，用面具去确立身份，没有面具，你就没有身份。所以，人们正在学习娱乐业，把娱乐业作为日常生存的一种普通手段。这种生存方式叫角色扮演。角色扮演已经成为企业界一种正常的生存方式。专门分割的工作已经消失，角色扮演已经大规模出现，角色扮演比死守一个工种灵活。专门分割的工作是静态的、不断重复的工作，而角色扮演却是非常灵活的工作。你可以扮演许多角色，不过你一次只能够做一种工作。

我们生活在一个媒体环境里，我们大多数的象征刺激来自媒体。电视的传播在电视环境中发生，所谓的电视环境就是指这样一种文化，其中的一切物体与象征，从家具样式、行事风格到谈话主题，都以电视为参考点。电视的真正力量在于电视为企图与广大社会沟通的一切行为设置了舞台，包括政治、商业、体育和艺术。电视架构了社会沟通的语言。群众的心智根本就是从媒体获取信息，这些媒体中又以电视居首位。在围绕着媒体组织起来的社会里，存在于媒体之外的信息则仅局限于人际网络，已从集体心灵中消失。由于媒体是我们生活的象征条件，媒体就会对意识和行为发挥作用。媒体是我们的文化表现，而我们的文化主要是通过媒体提供的材料来运作的。就此根本意义而论，大众媒体系统实现了麦克卢汉在20世纪60年代早期提出的大部分特征，这便是麦克卢汉星系。

五、媒介定律和麦克卢汉研究方法

对于信息传播技术如何对现实世界产生作用，麦克卢汉发展出了一门“新科学”来替代“旧科学”，用以考察任何人工制造物对于社会产生的影响和文化效应，这种方法在《媒介定律》中被称为“四元律”。

“四元律”是在回答以下问题的过程中发现的：

(1)这个媒介使得什么得到了提升或强化？

(2)它使什么东西过时或者说它取代了什么东西？

(3)它使什么过时的东西得到再现？

(4)它被极端挤压之后产生了什么东西或变成什么东西？

信息技术革命诞生的新媒介环境具有什么样的特征？通过“四元律”产生了什么样的社会后果呢？

新媒介环境的特征是在同旧媒介环境的特征之间进行对比时产生的，新媒介环境具有如下特征：

(1)先前像印刷和广播那样性质截然不同的技术正在逐渐消失；

(2)我们正在从媒介匮乏的状态转为媒介过剩的状态；

(3)我们正在从将传播内容灌输给大众的泛播转变为针对群体或个体的需

求设计传播内容的窄播；

(4)我们正在从单向的传播媒介转变为互动的传播媒介。

一切人工制造物都是人身心的延伸，无论语言、法律、思想、假说、工具、衣服还是电脑。人这个制造工具的动物，长期以来使自己的感官延伸。一种感官的延伸往往会干扰其他的感官和官能。然而，在经历过感官延伸的试验之后，人一直忘记了要以严密的观察追踪这些延伸。

由于电子媒介激增，整个社会同时成为无形的东西，与肉体的或物质的“现实”拉开了距离，摆脱了对社会“现实”的忠诚，并且从对“现实”的责任意识中解脱出来。

媒介效应的背景——外观，或曰技术的服务环境，是无法直接观察的，因为媒介的效应主要是潜意识的。

我们的媒介定律旨在提供方便的手段，使我们能够确认技术、媒介和人工制造物的属性及其影响。这些定律并不能成为任何观念或理论，它们是经验的东西，是实用的手段，是用来感知普通工具和服务的作用和特性的。它们适用于一切人工制造物，无论是硬件还是软件，无论是推土机还是纽扣，无论是诗学还是哲学体系。现将四条定律表述如下：

(1)这个人工制造物使什么得到提升或强化？或者使什么成为可能？或者使什么得以加速？这些问题可以用来研究一只废纸篓、一幅画、一台压路机或一条拉链，也可以用来研究一条欧几里得定理或其他物理定律，还可以用来研究任何语言的任何语词。

(2)如果情景中的某个方面增大或提升，原有的条件或未被提升的情景会被取代。在此，新的“器官”使什么东西靠边或过时呢？

(3)新的形式使过去的什么行动或服务再现或再用？哪些曾经过时的、老的基础得到恢复，而且成为新形式固有的东西？

(4)新形式被推向潜能(另一个互补的行动)的极限之后，它原有的特征会发生逆转。新形式的逆转潜能是什么？

这四条定律是关于技术和人工制造物效应的定律，它们表现的不是一个序列的过程，而是一组同步的定律。这四个侧面从一开始就是每一种人工制造物固有的定律，它们互相补充，它们都要求把人工制造物与其背景联系起来观察，而不是抽象地进行考虑。一般地说，“媒介研究”只涵盖了前两条，即提升和过时这两个方面，而且是轻轻地一带而过的。

麦克卢汉方法——扁平网络状的球体示明，从前以观点出发的方法，逻辑分析的纵伸和专门化的方式已不合时宜，现在要靠界面的方法才能产生洞见，即将不同的东西并置，不用任何连接。它可以产生洞见和发现，洞见是对直觉复杂的相互作用过程的突然顿悟。

马赛克结构的研究方法——并置发生、洞见，是非线性的思维方式，使用直觉的感知能力、横向意识，在同步一体化的世界，世界在平面网络中构成，各学科、事物都在取消边界而相互融合，横向意识的相互作用、对话、碰撞能带来新的发现。

麦克卢汉想要我们理解，人创造的技术和其他人工制造物一样，用于传播的技术都是人的延伸。如果把技术看成“说出来的话”，那么技术就是修辞格，我们可以阅读技术，可以分析技术的认知、社会和文化效应。为此目的，麦克卢汉故意用格言警句似的风格来传达他的思想，他有意识地用这种风格来表现一个观点：媒介即讯息。其目的不是追随连续、线性、连绵的思路，而是创造一种棋盘格子式的思想模式，其中镶嵌的每一块思想马赛克都反映总体模式里的某一个侧面。麦克卢汉的最后一本书出版之后才流行起来的一个词，叫碎形研究，就像碎形一样，总体模式已经包含在每一个微小的碎片中。麦克卢汉把文艺复兴时期的培根散文作为典范。他认为，培根的散文风格激发独立思维的力度大大超过了四平八稳的文风，四平八稳的作家追求平顺、连续和同质的线性论述方式。

麦克卢汉之所以挑选这种风格，是因为他认为这种风格也是现代社会的有机组成部分。在现代世界里，电子传播的实时通讯分割了平顺连续的思路，而平顺连续的思路是印刷媒介的视觉偏向培养起来的。因此，他借用口号、格言警句、名言重复和探索，以使受众警醒，使之意识到新的感知模式，感受认知环境里的变化就需要这样的模式。

麦克卢汉指出，象征主义艺术家和现代艺术家正在创造探究非连续性的洞见，他喜欢断言，认为“象征主义”的源头是希腊词“symbolon”，而它原来的意思是“打碎并重组为模式”。根据这个观点，马拉梅、乔伊斯、艾略特、毕加索、杜尚等伟大的艺术家创造洞见，使我们得以洞察现代世界及其与过去的关系。他们使用的方法不是从一个思想向另一个思想的顺利过渡，不是提供一个固定的视角，不是创造一个调子始终如一的话语（这一切方法都是印刷媒介培养的思维习惯），相反，他们给观察者提供的是破碎的形象，迫使观察者参与重组，把这些碎片组成有意义的模式。因此，为了弄清现代世界的意义，麦克卢汉也采用了类似的方法。

我们研究传播学必须要有一些洞见、发现。现在研究学问关键靠一种新的界面，多种学科并置在一起，形成新的界面，然后这个界面之间互相对话，产生新的东西，这叫做洞见。所以，麦克卢汉、波德里亚这些大师都是用这种方法。多种学科并置，然后就会发现新的东西、新的观点。并置不需要很多逻辑、线形思维方式的东西。因果关系已不需要，它是非线性的，一旦碰撞，便会产生新的东西。洞见是直觉的，这就需要直觉能力了。直觉洞见在各个学科相互碰撞的作用下突然顿悟。用顿悟的方式发现洞见一定要灵性、悟性、直觉非常好才行，将学科并置去发现新东西。

麦克卢汉用了一种马赛克结构研究方法。它利用并置发生然后洞见，发现了非线性的用直觉感知的能力。这种思维方式尤其适合艺术家的思维和感知。所以，麦克卢汉说：“这个波动的地球越来越适合用艺术家的方式来把握。”[①]比如，毕加索的画，他的思维方式是立体的。立体主义是不用视觉来看的，视觉只能看一个面，所以西方以前的古典画都是透视法。但毕加索把视觉抽掉，用听觉、触觉来感受它。它是一个平面，不需要透视法，而且能把人从各个侧面给画出来。所以你只用视觉来看它，你就奇怪，怎么画成这样？但你用声觉、听觉来看，你就可以从四面八方来感受它，把它压缩到平面上，然后把各个侧面并置在一起，用声觉、触觉来感受。

《格尔尼卡》是毕加索非常有名的一幅画，让我们来看看他的感知方式。这

① 〔加〕马歇尔·麦克卢汉：《理解媒介——论人的延伸》，何道宽译，译林出版社2011年版，第83页。

幅画画的是西班牙的战场。1936 年，德国攻打西班牙，结果把什么都炸了。毕加索的画是反战争的。牛眼睛在哭泣，马在愤怒地嘶叫，而且舌头伸出来是一把匕首。愤怒被用这种表现手法画出来，表现了一种悲哀。小孩死了，妇人在号啕大哭。那个女人像自由女神似的，在飞奔，拿着一个像火炬一样的灯，飞奔，寻找自由。那灯是静态的，女人在那里飞奔。这些景象看起来很矛盾，被并置在一起便产生一种混乱，但它又有一种整体的效果。把西班牙战场上带来的痛苦、灾难、历史都压在、并置在平面上，这就是非线性的思维，没有逻辑关系。它根本不是一个连续的、分析的作品，它是感知的。毕加索感知到整个西班牙，然后把战场的悲哀用一个声觉四面八方地并置在一起，产生极具张力的效果。这幅画把西班牙整个战场、文化等方面的东西表达出来了，用整体达到对战争的揭示，使之并置在一起成为一种感知的方式。

图 3-4　毕加索的《格尔尼卡》

现在我们需要有同步一体的意识。电子媒介是同步的、瞬间的，同步一体的世界、同步一体的学科并置在一起，相互融合。各个学科只有取消边界，才有新的洞见。比如说音乐，我们以前讲究一种连续性的、有旋律的音乐，而现在的摇滚乐都是重金属，这种音乐把里面的物质旋律的关系给抽掉了，所以它的音乐只有节奏、错位的同步，带给我们感官的刺激。摇滚乐是这样，抽象画也是这样，抽象画已经把我们眼睛里面的视觉成分抽掉了，现在的抽象画是要我们进入声觉和触觉感受，而不是要用眼睛看的。

抽象画、立体画是这样，量子学也是这样，量子学现在研究的就是把物质的成分抽掉，抽掉后量子就是波动的，整个就是能量的波动。如禅宗的"无相"，也就是说你不要用眼睛去看形象，而要去感知、感受整个能量的波动，所以要"无相"。原来和现在真正的改变都是因为我们这个世界越来越往波动的、声觉的世界方向发展。信息从四面八方无中心地来，根本没有逻辑，根本没有稳定性，根本没有中心，是随时波动的。传统的研究根本无法感受现代媒介，很难得到洞见。将学科并置在一起，你就会产生很多洞见，用直觉、感觉把学科并置在一起，你能够发现它们的相关性，发生对话并产生新东西。

六、媒介是非中心化的去边界整合

人类的文化起源于神话，各个民族在最原始时期都有自己的神话。最初是口耳相传的神话，有了文化媒介就有了书写文化。印刷术使书写文化得到广泛传播，重新构筑了社会形态，使各民族的文化凝固在纸上。作为经典，书本传承了下来，形成了民族历史记载的、传承下来的传统文化。随后，电报、广播、电影和电视又重新塑造了印刷术。电视是 20 世纪最伟大的革命，电视同步电子波动传播聚集了大众，形成了全球意义上的大众，构筑了新型的大众社会、大众文化。今天，网络媒介又重新塑造出人类共同的新生存环境。

媒介神话改变了世界。我们要把媒介当作神话来研究，当作人类集体经验和社会现实的大规模的语码编程来研究。媒介的每一形态都必然改变我们每个人的视觉、听觉、触觉等感知倾向，必然要预定我们的偏好方式。当我们选择不同的媒介编程来满足自己的需求时，我们已被这种或那种媒介改变并重新塑造。

1. 媒介是新语言

语言是全人类集体经验的储存系统，也是经验的转换器。它把一种编码转换成另一种编码，语言是人们创造和使用的大众媒介，任何一种新媒介都是语言。

新媒介为我们创造了幻觉世界。作为新语言，它具有崭新而独特的表现力量，新媒介文化就是人类集体的编码。每一种新媒介都是我们深层的心理经验的反射。

2. 全球学习社区的涌现

今天，信息流动本身已然成为世界上最大的产业，正在成为电脑和电子音像带传输信息的生产场面。劳动力逐渐退出工业生产现场，它将向何处去？它将做什么？任何问题的答案就在问题之中。在传统的经济里，问题是调整供需关系；今天的情况则是瞬间完成的信息流动。在这样的情况下，供应产生需求，就像浮动物体的重量被水体承载和取代一样。很长一段时间以来，信息就是大宗的消费品了。随着信息传输手段的增加（卫星传输的广播是一个惊人的发展），民族资源流动起来了。所以，今天的世界已然成为一个学习的社区，今天的大学已经不是加工年轻人头脑的地方，校园成了人们交往组合的规范之地，校园人的对话已经为世界各国和社区提供了一个活生生的楷模。

商品的生产货运终于和信息流动融为一体了。在这个世界里，全球性学习社区的涌现难道不是自然而然的结果吗？我们最高级的技术不仅来自于个人的创造性和创造意识，而且培育了创造性和创造意识。在这样的情况下，难道我们不能够从中获得大量的希望和鼓舞吗？

电子媒介使教育转变成了新的形式，使知识的迁移走向一体和参与。今天，媒介神话已进入电子媒介的叙事，各种文化和各个媒介并存，给人类提供了解放手段，使我们能够从各个传播偏向的感知奴役中解放出来。媒介在各个发展阶段的特定倾向对人的感知都是一种奴役，电子媒介、电视、手机，尤其是与互联网连接而生的多媒体。教育的任务将是发现新东西，是师生互动。学习成为回报最丰厚的事业，而不是学习专门化的、应用知识模式的行为。我们正在学习参与、对话和创造。

在这个创造性学习的过程中，明显需要师生角色相互转变。电子媒介使知识迁移走向全球一体和参与，这是新媒体形式带给教育的革命。

麦克卢汉说："在电子时代里，我们使每个人得到更好的教育，我们正在从教育的延伸转向更加广泛的延伸，我们还要走向更有深度的延伸。"[①]

电子媒介的革命赋予老师的使命不再是提供信息，而是提供洞见；它赋予

---

① 〔加〕马歇尔·麦克卢汉：《理解媒介——论人的延伸》，何道宽译，译林出版社 2011 年版，第 396 页。

学生的身份不再是消费者，而是教学伙伴，因为学生早已在课堂之外积累了大量的信息。

如今，我们生活在没有围墙的课堂里，网络、电视、报刊、手机等多种媒介已提供了大量的信息。媒介就是知识、信息的提供者，已经取代了以往老师提供信息的工作。互联网里，无论什么信息知识都有，互联网成了全球的社会大学。由于网络、电视、录像、光碟使教育得到了延伸，越来越多的老师需要接受有深度的教育培训，老师要提供的不只是信息，而是洞见，是与学生对话所产生的新发现。

现在，教育问题是学习动机的问题，而不是消费或被动接受知识的问题。用动机完全调动起来的学生在认识和接受能力上都更富有创造性。学习应该成为积极快乐参与创造、主动发现并产生新见解的过程，这样，学生才能转变成共同参与者、合作者，而不是被动的接受者。

电子媒介使教育转变了新的形式，新型的教育必须要让学生扮演与老师合作的角色，学生在课外已从媒介那里吸收了大量的信息，已获得了这种潜在的地位。因此，我们要把握媒介的一切文化外形，了解电子媒介形态的特性。

电子技术传递信息是在瞬间完成的，无处不在，它创造了没有边缘的多中心，电子技术宠爱的不是分割而是整合。它瓦解了线性的逻辑思维模式，去中心化、去集权、去权威、去专门化，走向了非线性的思维、分散的多中心、扁平化的组织、无边界的传播瞬间即达和非连续的传播。政治实体不再以集中化的官僚体制运作，不再从中心向边缘投射权力。有了电力网格状之后，任何边缘都可以自成中心。我们生活在一个没有边缘的世界里，其隐含的后果深深影响着印刷媒介养成的制度，比如民族国家。民族国家的权威和影响同时受到两个方面的威胁：从内部来看，民族国家受到日益分割肢解的威胁，因为电子通讯的能力赋予它们新的权力，强化了它们的身份；从外部来看，新型跨国公司刹那间就可以跨越国界运送金钱、传播信息，不受传统海关和关税控制的影响。之所以会产生这样的后果，那是因为“我们的感官因电力而膨胀，一张宇宙之膜迅速把我们的地球包裹起来了”。

麦克卢汉口中的地球村不是高度和谐的乌托邦，而是人们互相深度卷入的地方，更加容易滋长冲突和恐怖。除非意识到这种互动，否则我们便会立即陷入一个恐怖的时期，完全适合部落、互相依存、互相叠加共存的那种小世界的时期……恐怖是任何口语文化的社会常态，在这样的社会里，一切东西都在同时影响着其他的东西。

全球传播刹那间既定的性质意味着这样一种后果：我们的联系越紧密，就会有越多的人寻求自己的民族、语言、宗教身份，或其他亲和的关系，借以反制这种超级卷入产生的心理威胁。

麦克卢汉这个媒介环境学家深深扎根于此时此地，他的主要目的就是唤醒人们的意识，使人理解媒介对我们集体意识的沉降效应。他的诋毁者和一些支持者都存在同样的误解，原因有三个：(1)他用可获得的最先进的技术即电视来唤醒人们对电视影响的意识；(2)他以格言警句的行文作为探查的手段；(3)他摆脱逻辑实证主义的限制来进行研究。

他的研究方法实际上是由文学批评的实用批评学派派生而来的。他一直使用实用批评去唤醒人们的媒介意识，他要使人认识到，一切技术都是媒介，一切媒介都是我们自己的外化和延伸。一旦获得这样的意识，我们就可以在一定程度上控制媒介，正如我们能够从修辞的角度控制说话一样。他不是媒介极乐世界新时代的预言家，而是凭借诗意的手法，给人们提供探索的手段。他用外形——背景分析法和四元律来判定媒介变革的影响，使人能够预见并抗衡媒介的最坏影响。

思考与研讨题

1. 你如何评价麦克卢汉的媒介研究方法？

2. 你如何理解“媒介即讯息”？

3. 你如何理解“电子媒介是人的中枢神经的延伸”？

4. 为什么说电子媒介给我们人类带来了新的感知系统？人的性质是否发生了根本的改变？

5. 麦克卢汉的媒介定律对媒介研究有何作用？

6. 什么是重新部落化？你认为我们的现实生活中是否出现了“部落化”的

趋向？

7. 你如何理解大众媒介背景下人的身份失落？

8. 请谈谈你对“处处是中心，无处是边缘”的看法？

9. 麦克卢汉认为：“印刷文化的视觉偏向时代已过去，电子媒介文化是声学和触觉的全感知模式时代到来。”对此你如何看待？

10. 你如何理解麦克卢汉所说的“东方正走向西方，西方也正走向东方”？

11. 你认为电视具有集体参与的仪式感和娱乐式的角色扮演吗？

12. 你如何理解冷媒介与热媒介？互动参与是媒介文化传播的大趋势吗？

第四章　芒福德的媒介环境与技术生态学

■ 本章要点

芒福德认为，技术从来就不曾脱离整体的文化构架。技术总体上以生活为中心，而不是以工作为中心，也不是以权力为中心。他主张有机力量、审美力量和技术力量之间应保持平衡，如果过分强调技术力量，这一平衡就会被打破。

芒福德的人类生态学视野主要强调人与整体环境生态之间的和谐与平衡，也坚持城市社区也应与本地的环境和谐共存。生态伦理的含义是和谐平衡与比例均衡的意识。他呼吁生命有机论的意识形态，提出生命优先，也就是生存、繁衍和乐趣优先；生活是中心，技术发展是为了生活。他憧憬技术有机论的未来，他希望机器进入有机和谐与生态平衡的状态。他认为，进步不只是技术的扩张，而应指向人类的生存境遇，人都应在良好的生态环境中发展，快乐地生活。

图 4-1 刘易斯·芒福德（1895—1990）

芒福德，1895 年出生在纽约。芒福德是后工业时代的第一位先知，是媒介环境学大厦的奠基人，他的《技术与文明》(1934)是媒介环境学的奠基之作。他提出了技术有机论，认为技术是生物学意义上的延伸，传播媒介是感觉器官的延伸，媒介改变人的感知，一种媒介的内容是另一种媒介，电力技术使有机统一和生态平衡得到恢复。芒福德把媒介当作无形的环境，认为传播系统组成了一个“无形的城市”。

芒福德也探讨了“技术融合”，他认为工具、武器、机器的文化编码是男性。他进一步强调，容器技术是女性器官的延伸。他说“容器技术”是被忽视的技术形式，有机体和生物繁殖的文化编码是女性，容器、建筑和城市的文化编码也是女性。他称城市为“母性的围场”“容器的容器”。他主张男性技术与女性技术应相融合，成为一种和谐平衡的生态系统。

芒福德还强调技术与生物的结合，他指出：技术和生物之间的分割是人为的，其实技术与生物密切相关，技术是人生物意义上的延伸。蜜蜂按照工程学的原理来筑巢，鳗鱼能够抵抗电压很高的电击，蝙蝠用雷达完成夜间飞行的本领遥遥领先于人类。他揭示了技术与生物有机力量之间的相似性，认为技术是有机现象的一部分。

芒福德认为，技术从来就不曾脱离整体的文化构架，技术总体上以生活为中心，而不是以工作为中心，也不是以权力为中心。他主张有机力量、审美力量和技术力量之间应保持平衡，如果过分强调技术力量，这一平衡就被打破了。

芒福德的人类生态学视野主要强调人与整体环境生态之间的和谐与平衡，也坚持城市社区应与本地的环境和谐共存。生态伦理的含义是和谐平衡与比例均衡的意识。他呼吁生命有机论的意识形态，提出生命优先，也就是生存、繁衍和乐趣优先。生活是中心，技术发展是为了生活。他憧憬技术有机论的未来，他希望机器进入有机和谐与生态平衡的状态。他认为，进步不只是技术的扩张，而应指向人类的生存境遇，人都应在良好的生态环境中发展，快乐地生活。

一、芒福德提出“人类生态”的概念

芒福德的光芒被波兹曼遮蔽，因为率先正式使用“媒介环境学”这个术语的是波兹曼；他还被麦克卢汉的光芒遮蔽，因为麦克卢汉在探讨媒介时率先使用了环境暗喻，从而使媒介环境学的观点得到普及；再者，芒福德又被伊尼斯遮蔽，因为麦克卢汉说伊尼斯是研究传播技术影响的第一人，伊尼斯还被公认为多伦多学派的第一人，这个学派的成员包括麦克卢汉、埃里克·哈弗洛克和埃德蒙·卡彭特。人们习惯于把媒介环境学和多伦多学派画等号。多伦多学派在媒介环境学理论早期的发展中扮演了核心的角色。伊尼斯是媒介环境学传统形成初期的楷模，然而走在他前面的还有刘易斯·芒福德，而芒福德可以被视为纽约学派的代言人。芒福德是土生土长的纽约人，在他的成长期，新的建筑、运输和传播形式强有力地改变着城市的面貌，同时也改变着文化的结构。他出生的那一年，有人发明了无线电报和电影摄影机。后来，他爱上了对城市社区的研究，他把城市、建筑和技术作为研究的课题。他晚年才接触到“媒介环境学”这个术语，那时，他的主要著作早已完成。实际上，他很少把媒介或传播推到前台，虽然他在探讨艺术和文化的同时探讨了媒介和传播，尤其是把这些与他的研究相关的两大主题——技术与城市联系起来。在城市研究方面，大众传播和都市中心之间的关系是非常密切的，大众传播和都市化是大众社会的两个主要构造成分。芒福德对媒介环境学的关怀既是具体的又是实用型的，包括人所在的生物栖息地和技术栖息地两个方面。

对芒福德而言，格迪斯这位老师对他的思想和著作产生了重要而深远的影响。格迪斯是苏格兰生物学家，他对存在的植物、动物和人类，即整个自然界中的关系深感兴趣并提出了“人类生态”的概念，这是塑造芒福德历史研究法和广泛兴趣的重要因素。实际上，芒福德宣告，在“人类文化生态学奠定基础”方面，格迪斯比任何一位哲学家都走得更远。格迪斯是人类生态学之父，而芒福德是媒介环境学的奠基人。与此同时，格迪斯又是纽约学派和多伦多学派之间那缺失的一环。格迪斯的人类生态学思想包括技术史，他率先倡导电气技术的革命潜力，凯利称之为“电子崇拜的神话”，这个主题被芒福德纳入了其早期的著作里，后来又成为麦克卢汉《理解媒介》的主题之一。伊尼斯发现，格迪斯“确认了口头传统，口头传统是抵消技术文化的文化，技术文化是感觉和流动的文化”。

格迪斯对芒福德的影响有三个方面：第一是生态学视角；第二是跨学科、通才型的思维方式、治学方法和城市规划视野；第三是关于知识分子应该行动的观点，他认为学者应该学以致用，在实践中改善城市生活。这个总结可以用来解释芒福德为何积极推动生态区域规划，并成为美国区域规划学会的发起人之一。

二、芒福德的技术历史三时期

图 4-2 芒福德的《技术与文明》

芒福德的《技术与文明》不仅向读者描述了发明的历史，而且阐述了一整套建立在机器之上的历史分期：“前技术阶段”“旧技术阶段”和“新技术阶段”。划分这三个阶段的标准之一，就是它们特有的能量、原材料、生产方式在多大程度上改变了自然环境。前技术阶段的特征——水力、风力和木材是可再生的自然资源，人们的定居点自然在这些地区形成。旧技术阶段的特征——煤和铁是不可再生的资源，这个时期的重工业往往靠近矿区，芒福德把这些地区的环境称为最缺乏人性的环境。同时，重工业可能集中在运输成本低廉的地区。新技术阶段和旧技术阶段的区别黑白分明。电能是相对便宜和清洁的能源，促进了非集中化的活动，芒福德认为电能有助于恢复生态的平衡，但他后来又改变了这个观点，认为新技术仍然支持权力的集中，甚至使集中化变本加厉，而且他发现化石燃料和核电厂的环境构成了严重的威胁。

区分这三个阶段的另一种方法是看它们对人类生活和文化造成的影响。前技术阶段的原料和制造工具的木材可塑性比较强，且相对原始，工匠也能灵活地用木材进行创造，他们在生产过程中的创新性、多样性和自主性比较高。

旧技术阶段的特征是量化、机械化和工业化。煤和蒸汽这样的新能源使工业生产的重心由艺人和手工业者的作坊转移到了重工业的工厂，于是社会和经济的新阶级和权力精英应运而生，工厂里的工人沦为机器的配件。在旧技术阶段，人的生活以机器为模式。在新技术阶段，芒福德看到，旧技术阶段那种机械化、无生物和非人性化的特征也可能颠倒过来。有了电能之后，机器有可能以人类的生活为模式，也可能用来为人类服务，而不是人类为机器服务。

芒福德勾勒出了一个人类历史的新视角：技术的领头作用。他不是用内部结构来给机器下定义，而是用结果来界定机器。因此，文明的不同阶段实际上是机器产生的结果，而技术的形态是产生结果的原因。

三、芒福德认为技术是有机生命

技术与生物的结合既是科学问题也是美学问题，并且被视为后现代文化的特征。对芒福德而言，技术和生物的分割是人为的，是机械化和工业化的结果。在《艺术与技术》里，他注意到了技术与生物的密切关系："人的技术发明与生物的活动之间存在着很多类似之处：蜜蜂按照工程学的原理来筑巢，鳗鱼能够产生电压很高的电击，蝙蝠完成夜间飞行的本领遥遥领先于人类。"他揭示了技术和生物有机力量之间的相似性。在《技术与人类发展》中，他把这个观点又推进了一步，认为技术是有机生命现象的一部分。

若要给技术下一个适当的定义，有一点是显而易见的，很多昆虫、鸟类和哺乳动物远远走在人类的祖先之前，它们制造容器的水平远远超过了我们的祖先：鸟类有精致的鸟巢和凉亭，蜜蜂有几何形状的蜂巢，蚁类有城市一样的蚁丘和蚁窝。直到智勇双全的人出现，这一情况才有所改变。总之，如果技术水平本身足以鉴别和培养智能，那么和其他物种相比，人类是长期处于落后状态的。这一点体会的结果是显而易见的：制造工具并非是人类得天独厚的本领，直到语言符号、审美设计和社会知识的传播出现以后，情况才有所改观。在这一点上，造成人与动物之间深刻差异的是人脑而不仅仅是人手，此外，大脑也不可能仅仅是手的产物，因此老鼠这一类四足动物虽然已经具备发达的大脑，但它们并没有已经解放出来的灵活手指。

人之所以独步天下，那不是因为人能够制造工具、从事生产、进行劳动，而是因为人有语言的能力、有艺术的能力并善于游戏。技术从来就未脱离整体的文化构架，技术总体上是以生活为中心的，而不是以工作为中心，也不是以权力为中心的。

四、"人类生态"三种力量的平衡

芒福德描述的情景是有机生命力量、审美力量和技术力量之间的平衡，如果过分强调技术力量，这一平衡就被打破了。自动机器和蒸汽动力的出现就打破了这样的平衡。芒福德认为，新技术时代能够扭转旧技术时代的偏向，从而导致生命的复兴，有机体和生命的力量取代了人为的和机械的力量。就技术本身而言，许多方面的情况都在逆转。我们重新回到了有机论的道路上，在任何情况下，我们都不再把机械的力量看作无所不包和自给自足的力量。

对于技术逆转这个主题，芒福德认为，有机论的意识形态正在取代机械论的意识形态。他提出的民主社会主义扎根于技术有机论；同样，那个时代的其他社会主义纲领也扎根于技术有机论。

芒福德早期的著作就提出了技术有机论，技术是生物学意义上的延伸，传播媒介是感觉器官的延伸，媒介改变了人的感知，一种媒介的内容是另一种媒介。芒福德把媒介当作无形的环境，他断言，传播系统组成了一个"无形的城市"。麦克卢汉吸收了芒福德的许多理念，他欢庆电子革命的来临。稍后，芒福德的立场略有修正，转而拒绝接受新技术时代的现实，认为新技术在某种程度上继承了"机器的神话"。

五、技术是生物学意义上的延伸

在全局性的生态视野上，技术、文化和城市是一个整体。格迪斯认为，如果离开了生物起作用的整体环境，就没有哪样生物能够被人理解。这是他传授给芒福德的最重要的思想之一，而芒福德则成了美国整体论思想的领军人物。系统论认为，整体大于部分之和，事物是其构造成分之间互动或协同而产生的。芒福德也探讨了"技术融合"的理念，控制论关注的重点是控制的科学，即靠通讯和反馈来达到控制的科学。与此相反，芒福德论述的是由钟表来控制和协调人类活动的机制，在他看来，“容器技术”是一种常常被忽视的技术形式。他认为，容器技术是女性的延伸，柔软的内脏是女性生命的中心，女性特别突出的活动集中在七窍、液囊、嘴巴、阴道、乳房、子宫等地方。在女性主导的社会里，新石器时代是非常明显的“容器”显赫的时代。现代学者常常忽略了容器得天独厚的重大意义，他们用机器的标准来衡量一切技术进步，所以就忽视了“容器技术”的意义。

工具、武器和机器的文化编码是男性；与之相反，有机体和生物繁殖的文化编码是女性，容器、建筑和城市的文化编码也是女性。芒福德将城市称为“母性的围场”“容器的容器”。与媒介延伸论的观点相比，“技术即容器”更加接近媒介环境论的观念和技术系统的观念。

六、芒福德对“王者机器”的批判

在《技术与文明》中，芒福德提出了两极对立的机器意识形态和有机论意识形态的观点。半个多世纪以后，波兹曼在《技术垄断》里说：“每一种工具里都嵌入了一个意识形态偏向，把世界构建成为一种形象而不是另一种形象的倾向。”[①]换句话说，没有哪种技术是中立的，没有哪种技术是能够还原为物质材料的，每一种技术都和一个理念、一种研究途径和一种组织原理相联系。机器意识形态的基础是秩序、控制、效率和权力；相反，有机论意识形成、扎根于生命、生存和繁殖。用麦克卢汉的话来讲，机器意识形态实际上是有机论意识形态的延伸，而且这样的延伸最终将切除它做的延伸，也就是要走向它的反面。

芒福德说：“机器由无机物质的复合体发展而来，机器的功能是转换能量、完成工作，是放大人体机械的和感知的能力，是将生活的进程简化为可计量的秩序和规则。”[②]这个进程肇始于把人体器官用作工具的时候，自动化是这个进程的最后一步。

---

① 〔美〕刘易斯·芒福德：《技术垄断：文明向技术投降》，何道宽译，北京大学出版社2007年版，第74页。

② 〔美〕刘易斯·芒福德：《技术与文明》，陈允明、王克仁、李华山等译，中国建筑工业出版社2009年版，第54页。

那么,是到哪一个时间点,有机论意识形态才逆转为机械论意识形态的呢?也就是说,技术有机论什么时候才变成了技术机械论?最早的机器就是"人体机器",一种新的人类生态环境使"人体机器"成为可能。困难在于如何把这么多劳动力变成一个机械化的群体。机械控制的秘诀在于形成单一的头脑和明确的目标,并率领这样一个群体前进。另一个秘诀是传递讯息的方法,通过一连串的中间环节把指令传达到群体基础里最小的单元。在传达讯息的过程中,每一次复制的讯息都必须精确,绝对的服务也是必不可少的。确保顺从的必要条件是强制力,至少需要一定的威胁。因此,有组织的军事力量不仅构成了这种"人体机器"的一种形式,即"军事机器",而且是建立和维持其他"劳动机器"的必要条件。同理,机器意识形态需要一种机器语言即一套传播系统,有了这套传播系统,军事机器和劳动机器里的人体配件才能够作为一个统一的整体运行,否则劳动大军里的个体将会继续维持时空上分离的个体的原貌。机器、城市与文明的起源和符号系统之间之所以存在着强有力的关联性,其原因就在于:这个大型的机械系统能有效运行,以完成建设工程并形成一定的强制力,文字的发明就是必要的条件,这种将口头语言转化为书面符号的方法,不仅使系统内的冲动和讯息的传递成为可能,而且留下白纸黑字的记录,可以在命令未能执行时追究责任。

在这个意义上,文字也是一种容器技术,文字不是用来储存物质材料的,而是用来储存信息和思想的。接着,这些信息和思想又成为"容器的容器"加工的材料,这个"容器的容器"就是城市。从功能上来看,城市是一台电脑,人体机器还需要一些聪明的发明,比如,数学、天文观测、文字和书面记录,以及最后发明的有关宇宙秩序的宗教思想,这样的宗教思想产生于天象观测,并赋予国王神圣的权威。反过来,国王按照天命行事,皇家的体制确立起来之后,权力和知识的垄断就在高墙之内形成了。皇家的城堡成为神圣命令和控制的中心,成为命令和权力、法律的源头,成为军事压迫和官僚组织的源头。在这个机制的作用下,人就变成了机器的伺服设备。由于每台机器都有一个发明者,于是芒福德将国王定义为这种"王者机器"的发明者。

王权是原型机器的发明者,实际上,这个非凡的发明给一切后世复杂的机器提供了最早的工作模型，虽然后来机器的重点逐渐由人体配件变成了更加可靠的机械配件。王权独一无二的功能在于将人力装配成一台机器，使一个庞大的组织规规矩矩、有条不紊地运转，使之能够完成前人难以尝试的宏伟工程。

芒福德所谓的“人体机器”或“原型机器”还有另一名字——“无形的机器”。他指出：“所有的配件——政治、经济、军事、官僚和王权者考虑进去之后……构成了一台‘王者机器’，用更浅显的话说就是‘大机器’。”①“王者机器”是后世一切机器的原型机和模本。

芒福德在《技术与文明》里说，机器的发明始于12世纪和13世纪的修道院。从“王者机器”的广阔视角来看，这是机器意识形态扩散的重要转折点，芒福德的分析为，发明机械钟表的原因之一是维护修道院生活规律的欲望，另一个原因是强化人守规矩的欲望。修道院的这个发明把有规律的集体节拍赋予人的行为，把节奏赋予机器，时钟不仅是计时的手段，而且是使人的行为同步化的手段。时间的观念和有机论意识形态相联系，是主观经验的模仿，但未必有明确的形态和边界。那时的时间概念是稳定的、滋养人的环境的概念。后来，时间的概念被机械手段重组以适应机器的意识形态。由于时钟具有界线分明的时、分、秒计时，它把时间从人类的活动中分离出来，促成一种信仰。于是，人们开始信仰一个可以量化且独立于人的世界，一个独特的科学的世界。

钟表的意识形态弥漫于世俗的社会，钟声几乎就是城市生活的定义。芒福德认为：资本主义是机械钟表的产儿。

机械钟表是机械化、工业化和资本主义时代的“界定性技术”，也就是芒福德所说的“旧技术阶段”。在这个时代，机器的意识形态广泛传播，广泛被人接受，逐渐取代了有机论的意识形成。在一个强调组织、规律、标准化和控制的思想框架内，主观、直觉和感情是没有立足之地的。按照芒福德的观点，这种对有机论的否定态度使西方国家在机器的面前投降。结果，西方把其他文化比如中国文化拥有的大量的发明和机械设备都变成了芒福德所谓的“机器”。芒福德后来得出这样的结论：电力技术等20世纪的技术实际上延伸并强化了机器的

---

① 〔美〕刘易斯·芒福德：《技术与文明》，陈允明、王克仁、李华山译，中国建筑工业出版社2009年版，第34页。

意识形态，它们是古代那种“王者机器”的翻版。

一种新的“王者机器”悄悄到来，实际上它组装的时间表是在第一次世界大战之后，它随着集权主义国家的兴起而兴起。法西斯独裁的新形式是一党独裁的政治体制，这样的“国王”不再由上帝赋予权力，而是像拿破仑一样自我加冕。他们宣称自己拥有无限而合法的权力，其实是非法窃取的权力。

现代的“王者机器”强调秩序、控制、效率和权力。芒福德总结古今王者机器最重要的特征为：“古今王者机器都有一个潜隐的共同意识形态的纽带，为了加强权力的复合化，为了扩大控制范围，它们都忽视生命的需求与宗旨。”①

七、重新回到生命的道路上

芒福德倡导理性与规划，用理性、逻辑的观念研究世界，与现代传播和机器意识形态的扩散存在着相当密切的联系，但是芒福德在技术膨胀里看到了人们渴望权力的非理性驱动力，看到了位于其核心的利润驱动。有能力的非理性行为一直在把人推向异化的边缘并导致人性的丧失，正在用战争与环境恶化把人推向毁灭。芒福德认为，唯一的出路就是有意识地践行理性的思考，用理性来指导行动。从格迪斯那里，他学会了运用规划的可能性，学会了用逻辑来设计更加稳定、持久和公平的生命安排。

然而，仅仅依靠理性是不够的。从城市发展的角度来看，他倡导规划的时候，心中想到了地区规划，他反对那种超大的都市，主张限制城市社区的规模，坚持人与本地环境的和谐共存。生态伦理的含义是和谐与平衡，是比例均衡的意识。再者，在芒福德呼吁振兴有机论的意识形态里，潜隐着这样一种伦理：生命优先，生命的驱动力优先，也就是生存、繁衍和乐趣优先。对享乐和感官的追求、艺术与爱情都是这种意识形态的组成部分。从芒福德的伦理观来看，传统道德对人的压抑太大了。

芒福德认为，即使面对王者机器和超级技术，通过有机论来获救的可能性

---

① 〔美〕列易斯·芒福德：《技术与文明》，陈允明、王克仁、李华山等译，中国建筑工业出版社 2009 年版，第 110 页。

也是存在的。“如果要使超级技术不再进一步控制和扭曲人类文化的各个侧面，我们就必须采用截然不同的生存模式，直接从有机体和生命复合体（生态系统）中抽取出来生存模式。这种新模式将用生物技术取代超级技术，这将是从强权社会过渡到富裕社会的第一步。一旦有机论世界的图景出现上升的势头，富裕经济的目的将不再是用人的功能来喂养超级的机器，而是进一步发展人所拥有的自我实现和自我超越的无穷潜力。”①

芒福德希望和憧憬技术有机论的未来，他并不期盼机器的消亡，而是希望机器重新回到人们的掌控之中，他希望机器进入有机和谐与生态平衡的状态，在未来世界里，进步将不会终止，但进步应该指向人类的境遇而不是技术的扩张。在这个世界里，所有人都可以在良好的生态环境中发展，人绝不会沦为机器的配件。

思考与研讨题

1. 你对芒福德的技术历史的划分：“前技术阶段”“旧技术阶段”“新技术阶段”怎样看？

2. 你如何理解“技术是有机生命现象的一部分，技术是生物性质的延伸”？

3. 你如何看芒福德的观点：“机器技术是男性的延伸，容器技术是女性的延伸”？

4. 你如何评价芒福德对“王者机器”的批判？

5. 请谈谈芒福德对“技术”与“生物”关系问题的看法。

6. 你如何评价芒福德的“生态学伦理观”？

7. 你认为人类应以生活为中心，还是应以技术发展为中心？两者的关系是怎样的？

8. 请谈谈大都市生活的生态环境存在的问题应如何发展，请从人类生态学的角度给予阐述。

---

① 〔美〕刘易斯·芒福德：《技术与文明》，陈允明、王克仁、李华山等译，中国建筑工业出版社 2009 年版，第 52 页。

第五章　德波:媒介传播的景观社会

本章要点

在20世纪50—60年代法国的先锋运动中,以居伊·德波为首,学者们把激进的艺术和社会政治结合为一体,形成对消费社会理论的批判。他们认定消费资本主要是一种"景观的社会",作为社会调控的新模式,它通过创造使人迷惑的世界和使人麻木的娱乐形式来安抚大众。技术、媒体和消费文化掌控着我们生活的全部,我们已进入消费主义的景观社会。

当真实的世界成为简单的影像,简单的影像就会成为真实的存在并能产生有效的催眠作用。景观使人们通过种种特殊的媒介来看待(而非直接去感受)这个世界,人们渐渐地就会发现视力成了有特权人士的感官,触觉成了另外一个世纪的事,而最抽象、最神秘的感觉才符合当前抽象概念盛行的社会。

一、景观社会是媒体制造的商品消费社会

居伊·德波(1931—1994)

德波分析并描述了当前资本主义"商品的世界化和世界的商品化"，境遇主义者[①]们把当前的社会控制模式视作基于多数人的共识而非强迫，视作通过消费和媒体社会转变到"景观社会"以后获得的一种文化霸权。在这样的社会中，个体在消费世界的行为不是因他自己产生而是由其他人去构造的。商品生活本身成了景观的一个庞大的堆积。这个景观社会仍然是一个商品社会，它在生产中被确立，但最终在一个更高、更抽象的水平中被重组。"景观"是一个复杂的术语，它"解释表现现象的一个重大发现并使其一体化"。在某些人的意识中，它涉及媒体和消费社会，由影像、商品以及景观消费构成。

境遇主义者的目标正是通过提倡个体直接创造自己的生活、自主的模式和集体实践，来逐步致力于克服所有分离形式。景观主要通过休闲和消费、服务和娱乐等文化设施来散布它的麻醉剂，人们被广告的引导和商业化的媒体文化所控制。德波声称"景观就是指商品已经占领了整个社会生活的全部"。

通过海底电缆和人造卫星电视，景观时下非常普及且易于接近，人们购物甚至不需要从躺椅上起来，只需一个电话和一个信用卡账号就可以从电视家庭导购网中买到不同花色的产品。同时，广告主们也已经在电脑空间创造了新的购物商品街，这里提供最具异国情调的购物环境，人们可以在其中浏览极其丰富的产品。的确，时下有许多公司正着手在国际互联网上建立环球网站，提供各种迷人的景观，诱惑消费者去购买他们的商品，同时为了日后的广告和商业投机，他们也给顾客提供外观资料。正像先于景观的工业商品市场，景观已经

① 境遇主义主张伦理方法的性质就是坚持从实际情况出发作出道德判断，以具体的境遇和实际经验作为道德评价的标准。

全球化，伴随着人造卫星天线的兴起，西方的色情和暴力也被播放到了全球的各个角落。从以色列到俄罗斯大选，政治被缩小成影像的战役和媒体景观，对竞选者来说，更有效的方式是用好莱坞式的媒体运作而不是在政治舞台上推销。

娱乐是景观的主宰模式，它的代码渗透到新闻、信息、政治、教育和日常生活之中，比如《今日美国》将新闻碎成几个小故事，配以曲线、图表和彩色图画；同样，当地和国际电视新闻也充斥着令人愉快的谈话和人们感兴趣的故事。有线电视曾许诺在2000年传送500个频道。此外，因为多媒体技术的发展和计算机的普及吸引了越来越多的文化元素，国际环球网站可以提供更多的"娱讯"景观。这个娱讯社会浓缩了从新闻到宗教到体育到与商品景观密切相关的所有类型。

媒体景观的经费来自广告，这个成本又转嫁给消费者，消费者在工作和消费中受到双重剥削。消费者以高于产品成本的形式支付了用广告资助的娱乐景观的费用，娱讯的产生是文化产业设想出的一个功能，它兜售和提供它们自身的影响，为它们的商品和生活方式制造更多的欲望。为了进一步控制愚昧的消费资本主义者，娱乐产业发明了"交互式电视"，它允许电视观众成为自己的主人，观众自己点播镜头，自己编辑录像甚至在屏幕上放映自己的影像(尤其是迷人的色情录像)，用已编的电脑程序对话来进行"互动"。因此我们现在可以走进电视，成为它的一部分，正如它已经成为我们的一部分。在每个逝去的日子里，人们变得越来越喜欢戴维·克罗奈恩伯格的电影风格，也喜欢来自 *Talking Heads* 所讽刺的"电视人"：

> 我生平第一次有了样子并且充满了梦想，
> 我既在里面又在外面，
> 每一件事都是真实的。
> 我喜欢我所感知的这种方式吗？
> 电视使我成为我
> (我是一个)电视人。

二、景观是人为幻像的世界

虚拟真实的方式让个体进入到更高和更强的科学抽象模仿领域,使个人忘记自己真正在和用这种方式设计出的环境互相影响,可能是一个战争游戏,也可能是一个色情幻想。当然,“虚拟”和“互相影响”技术只不过将电视观众诱惑到对景观更深层次的依赖,但没有媒体可以帮助人们摆脱恶劣的处境,或代替交互作用下公民的权力、职责和民主,代替实实在在的现实生活。事实上,计算机网络优越性的倡导者们将身体贬低为单纯的“肉”,诋毁“现实生活”,令人厌恶地妨碍了媒体和电视网络的计算机世界带来的愉悦。

与景观相关联的是观众,受众和一个消费社会体系的关系意味着顺从和保持一致。与被动消费的麻木相对照,德波和境遇主义者拥护个体在积极、创造性和想象的实践中开创自己的“境遇”,支持他们自己极富热情的存在的事件,完全地参与日常生活的生产并最终建立一个新社会。因此,他们提出与消极的旁观者相对立的积极而激进的主体,他们反对按照景观的要求(去购买、去消费或保持一致等)去建立自己的日常生活。因此景观的思想区分了被动和主动、消费和生产,谴责了景观的被动消费是人类潜能的一种异化。

这个思想也区分了人工和真实、抽象与具体。不同于人类对创造性和共同体的真实需要,商品需求和景观都是人为的,在资本主义为最新的机械装置或生产线不断衍生出需求的同时,它创造出一个幻想的、自我实现的和快乐的影像世界。景观代替了具体的事件和与其他人的联系,它代表抽象的影像、商品的幻想和与技术的关联。景观提升了一个人从本质上说不再生活在这个世界的理论要点,虽然“吸入和呼出自然的能量”,但却存在于一个抽象的影像世界中。“直接生活的每件事都移到了表象之中”,德波将其描述为“现实的哲学化”:“景观不去实现哲学,它使现实哲学化”。由此他得出景观和影像建立了一个人为的现实,一个意义和价值通过商品本身而消耗的世界。对于哲学的实现,按照马克思的设想,要承受“哲学”的废止——它是一种建立在社会存在的具体条件之上和之外的抽象意识形态——理论和实践相结合。马克思认为革命斗争力图实现启蒙运动的理想,创造平等、自由、独立、民主的社会生活方式,由此实现西方文化的最高哲学理想。

三、媒体名人是消费社会的理想

现实的哲学化在对景观世界理想化和具体化的过程中使思想与行为相脱离，它把直接的体验移入炫目的影像世界和符号之中，代替它们建立自己的生活，个体凝视商品世界光鲜的表面，接受了商品通过景观消费、影像、外观和款式来定义自身的心理。同样，观众生活在变幻不定的明星、名人和故事的幻想世界之中，个体通过鉴别体育明星和事件、电视和电影名人的生活方式以及富翁和声名狼藉的绯闻来消遣无为的人生。

景观社会中的个体按照名人的影像、外形和模式来打造自己，媒体名人是偶像和角色模特，是景观梦想家们仿效和谄媚的梦想素材，而这正是消费社会的理想。这种通过影像来界定个人的模式增加了资本的积累，迫使人们落入时尚、化妆品、流行产业等陈词滥调的控制之中。来自景观的迷幻使主体离他们真实、直接的情感和愿望越来越远，而消费越来越过分。因此，景观的世界成了令人激动、快乐和意味深长的"真实"世界；相比之下，日常生活则是贬值和没有意义的。在抽象的景观社会之中，影像由此成了商品物化的最高形式。

对于转化和抽象而言，景观仅仅是"金钱的另一面"，是资本主义的社会关系。早些时候，在马克思时代，金钱作为一般等价物直接支配着社会，允许性质不同的使用价值之间的交换。在当代资本主义社会，尽管金钱的主宰不是直接的，但通过影像产品的媒介，允许更普通的等价值物之间的交换。"景观就是货币发达的现代补充，在这儿，商品世界的整体为了整个社会的存在和发展作为一般等价物彻底公开露面。景观是人们只能'观看'的钱，因为在景观中全部的使用价值已经被全体抽象表现所交易。"①质的差异以前是在客体的连续生产中被消解的，而现在它们则蒸发在影像和符号的最高阶段中。在电视王国，所有的影像，无论是波斯尼亚的战争还是凯瑟·李·吉福德(Kathie Lee Gifford)在豪华游船上晒太阳，都能获得基本的等同性。就算不为着迷的观众着想也要看

① 〔法〕居伊·德波：《景观社会》，王昭风译，南京大学出版社 2006 年版，第 11 页。

在业务主管的份上,对他们而言,新闻、体育和连续剧播出的最终结果就是为了形成有广告收入的可互换结构。

因此,景观的世界是资本的世界,是商品、消费者和媒体狂热者的世界。德波强调,影像客体的超级物化是一个巨大的非实在性、一个真实和幻觉的倒置,景观是"非存在物自主的运转"。例如,社会现存的阶级区分在景观中被废止,并为统一的消费特征所替代,它向每个人陈词消费者一律平等。不过德波像克尔凯郭尔、费尔巴哈和马克思这些人一样,不仅能看到幻觉和真实的混乱,还能证明幻觉比真实本身更真实。商品形式的普遍化由此被德波解释为真实,还原为表象,还原为对商品形式和继起的商品化的屈从。

德波的思想与波德里亚的关键主题是非常一致的,尤其是与后者的类象、内爆和超真实的观念,以及后现代文化中符号和影像增生的观念相一致。尽管德波明确强调景观的人为化,但他拒绝放弃解释和改变社会现实的企图,带着疑问走到一个物化的非真实之物的阴影之中,回过头来报道和批判他所看到的一切。那里存在一个对立的内爆,但分开的磁极仍保留着它们原来对立的特征。虽然幻觉压倒了真实,但真实仍可由德波通过批判解释学来看穿表象、幻觉和幻想并将现实加以复原。此外,德波还主张通过激进的实践、境遇的建立来纠正观众的被动性。

四、改造社会和日常生活

境遇主义者的基本实践目标是改造社会和日常生活,去征服由景观所导致的冷漠、假象、被动和支离破碎。战胜被动,才有可能恢复现有的存在,并通过积极的"境遇"创造和技术利用来提高人类的生活品质。境遇主义实践扎根于技术的解构性之中,通过针对革命主体创造的文化革命,拓展普遍的社会革命,从而推翻资本主义的景观社会。

境遇主义者的实践也通过强化生活和创造来颠倒资本主义反生活、反创造的观念。在境遇主义者的实践中,当然也有尼采哲学的生机论,它企图提高、加强生活活力,反对陈腐的、一潭死水的现存文化。它所强调的情感、自发性、清晰生动的愿望则被日后的后现代理论家们继续完成,诸如早期的利奥塔、福柯、德勒兹等。境遇主义者的实践包含对现存的文化形式的沉默和对相反文化形式的伸张。

有趣的是,境遇主义对拼凑和剽窃的倡导预示了后现代艺术的一个主要策略,他们利用、引用完全的影像剽窃和过时的想法来进行审美陈述。如同唯美的先锋派内的其他团体一样,境遇主义者攻击高级和低级艺术的区分,这是一种为后现代主义艺术所确定的姿态。但是对境遇主义者而言,引用与挪用是与产生激进的政治后果、看穿当代媒体文化的假象、提升批判的意识、产生新的文化形式和日常生活相关联的,不单纯是对艺术制度或主体的瓦解进行讽刺的注释,也是对垂死的这部分文化的调侃。

1967 年德波的《景观社会》出版,这个文本的实践方向表明了境遇主义对实现愿望、创造生活和把自己从意识形态及现有体制的陈腐观念中解放出来的需求。境遇主义者追随"西方马克思主义"的领导人物如卢卡奇、葛兰西、科尔什以及法兰克福学派。德波也在广泛的概念中探究日常生活唯美化艺术替代。德波和境遇主义者把真实交往和社会联系、在电子媒体和与信息时代中丢失的人作为其研究的主题。

波德里亚的工作断言了德波和新马克思主义框架的不切实际,在那里,各自的特征会丢失,真理会终结,政治与崩溃的社会一同逝去,历史失去被救赎的意义,就连现实也一起消失。这一观点的产生是波德里亚的思想从现代性到后现代性的一个必经之地,并由此导致他的思想从现代理论向后现代理论转变。

思考与研讨题

1. 什么是德波的景观社会?

2. 你认为娱乐是景观社会的主宰模式吗?

3. 请谈谈德波的境遇主义目标是什么?

4. 景观社会是消费社会吗?

5. 德波的理论与波德里亚的理论观点有何异同?

6. 你如何看待媒体制造明星这一现象?

第六章　波德里亚的消费社会与媒介文化

■ 本章要点

波德里亚认为，现代社会是围绕着商品的生产和消费而组织起来的，而后现代社会则是围绕着仿真以及形象与符号的运用而组织起来的。这标志着编码和符号的仿真世界成了新社会秩序的组织原则。我们的经济、政治、社会生活都由媒体操控的形象和符号所控制，全球进入消费社会。

在这个后现代的世界中，个体逃离了“真实的沙漠”，进入了为寻求超真实的狂热和由电脑、媒介以及技术经验所构成的新领域。在媒介社会和消费社会中，人们陷入由形象、景观和拟像构成的游戏中，与“现实”的联系越来越少，以至于“社会”和“现实”的概念本身不再具有什么意义了，人们的意识处在形象和景观传播的迷幻状态中。他还认为，后现代的世界是没有意义的存在，它是一个由媒介信息、形象、符号、虚拟传播所构成的一个虚无世界。他甚至悲观地认为，后现代标志着“社会性的终结”，一切以往建构的意义都将走入“消失的模式”中。

图 6-1 让·波德里亚（1929—2007）

让·波德里亚（又译作让·博德里亚尔，后又简称波德里亚）1929 年生于法国的芮姆斯，20 世纪 60—70 年代，他是巴黎最著名的社会评论家和理论家，他产生的影响比德里达、福科和利奥塔要略晚一些，可他的影响力如今越来越大。他的主要著作有：《消费社会》《符号政治经济学的批判》《象征交换与死亡》等。

波德里亚认为，现代社会是围绕着商品的生产和消费而组织起来的，而后现代社会则是围绕着仿真以及形象与符号的运用而组织起来的。这标志着编码和符号的仿真世界成了新社会秩序的组织原则。我们的经济、政治、社会生活都由媒体操控的形象和符号所控制，全球进入消费社会。

在这个后现代的世界中，个体逃离了“真实的沙漠”，进入了为寻求超真实的狂热和由电脑、媒介以及技术经验所构成的新领域。在媒介社会和消费社会中，人们陷入由形象、景观和拟像构成的游戏中，与“现实”的联系越来越少，以至于“社会”和“现实”的概念本身不再具有什么意义了，人们意识处在形象和景观传播的迷幻状态中。他还认为，后现代的世界没有意义的存在，它是一个由媒介信息、形象、符号、虚拟传播所构成的一个虚无世界。他甚至悲观地认为，后现代标志着“社会性的终结”，一切以往建构的意义都将走入“消失的模式”中。

一、波德里亚的视野与符号政治经济学——消费社会

波德里亚的理论是通过语言学与马克思主义的结合而形成的。他是法国人，法国有批判学派的传统，其中有深厚的文化底蕴。他的思维模式建立在马克思的政治经济学基础之上。他将符号学和政治经济学结合，形成了新的学科视野。他也像马克思主义或新马克思主义一样，从商品入手，研究它的价值或使用价值。但是他发现马克思主义的分析模式在这个时代“不适用”了，他发现不只是价值和使用价值，更重要的是符号价值。整个后现代社会是以符号价值

来构成的。比如奔驰车，其实驾驶起来与其他车差不多。但你感觉就不一样，因为它带有符号价值。为什么劳斯莱斯、法拉利这些车的价格那么高？它们就那么好吗？不是的，因为它们还蕴含有符号价值，你驾驶着劳斯莱斯、法拉利这样的车，体现出的你的社会地位可能就不一样了，你的权威性可能就不一样了，你消费的权利可能就不一样了。现在的人越来越习惯于用这个符号价值来区分人，所以商品的价值已经不再是它原有的功能价值，现在的商品越来越带有符号价值，也就是说以符号价值来组织整个社会，这样的社会叫消费社会。

波德里亚深受德波和境遇主义者的影响。波德里亚和德波二人都将包含于消费和媒体社会发展中的抽象化作为理论分析对象，对他们二人而言，电子媒体是抽象化的一个新阶段，在这里，人与人之间形成了以技术为媒介的关系，他们认识到媒体作为单向的传播模式使观众沦为受众。

尽管波德里亚与其前辈有相似之处，但他仍将我们带入了社会发展的一个全新领域：超越马克思，超越新马克思主义，超越商品社会和它牢固的支持者；超越景观社会和它掩饰的面具；向现代性告别，进入类象的后现代社会——一个缺乏粘连关系的抽象的非群体——分离意义、政治斗争和重大变化。就波德里亚来说，后现代标志着这样一个视野，那就是现代成长和外爆的动力已达到它们的极限并开始转而向内，造成内爆的过程，它破坏“真理”“真实”甚至“能量”。

波德里亚的工作可以被视为对马克思和德波追溯过的商品化和抽象化的灾难后果进行评估的一种尝试，包括克尔凯郭尔和尼采描述过的大众化进程，以及克尔凯郭尔、马克思、尼采、葛兰西、法兰克福学派等评估的意识形态霸权和假象。然而，克尔凯郭尔和尼采提出给优越的人以更多的个性和自主控制，马克思和德波相信通过革命可以实现人类潜在的自由，而波德里亚则放弃个人和社会转变的设想，断言主体性和社会性都是假象。波德里亚描绘了一个更为高级的抽象化阶段，在这里，客体被全部兼并到影像之中并使其消失在符号交换的封闭循环之中。

波德里亚为商品消费所组织起来的社会秩序和日常生活提供了新视角，他将符号学与新马克思主义以及解构主义融合在一起，为消费权力组织当代社会的过程提供了重要见解。20 世纪 70 年代，他对媒介交往、信息、技术的研究为当代社会理论照亮了新路径。

消费社会形成的原因是大众媒介、大众文化以及商品的增长，导致商品符号价值的增长。

波德里亚认为资本主义高级阶段的形式是围绕符号价值组织起来，商品被编码，构成当代大众媒介和消费社会的一个符号与意义的体系。符号价值是消费权力和社会身份的象征，已经成为消费社会中商品和消费的最重要成分。

符号价值的统治意味着能指的自主化。在这里，工业世界关系的统一和稳定以及它的符号系统被打破，不再拘泥于客观的真实或先于需要的存在和使用价值，能指通过操纵不同的代码和结合链自由浮动并建立自己的意义（比如发生在广告、时尚和环境设计方面）。符号价值用所指来拆解任何稳定的联系，符号结构指向世界上不同的指涉物，能指变成了它自己的指涉物，这样的自主化成了符号论统治的基础，商品形式被“符号形式”所超越，由此形成任何事物与真实都没有联系的局面：这步入是它们自己纯粹的幻像。能指现在被极端地相对化，任何事物都能作为“意义”或“真实”来流通。正如德波看到的，出现在当代资本主义的符号的统治不是商品的延伸，而是一个更占有统治地位的逻辑呈现，也是对商品仅仅是一个最初形式和托辞的阐明。按照波德里亚的观点，德波缺乏一个适当的符号预见性，和马克思一起跳到了生产之镜中。

在波德里亚的体系中，极端的符号制造——它是符号的扩散与传播——组成了抽象动力的来源，它既不存在于商品之中，也不存在于经济组织之中，而仅存在于符号的自我发展之中，波德里亚在对类象的研究中描绘了它的来龙去脉。在极端的符号制造和内爆下，波德里亚宣称不仅政治经济和产品年代已经消失，就连更新社会的理论化和景观自身也变得陈腐了。

波德里亚想通过符号学研究日常生活构成的秩序，社会原来越来越围绕着符号价值来生产大量的商品，而且这些符号价值主要是媒介带来的，所以消费社会是和媒介相关的一个社会。消费社会是大众媒介带来的，媒介带来的消费社会导致符号的增长，这样消费的权力和社会身份就象征性地被表达出来了。这个消费社会正是资本主义的高级阶段，然后根据这样的一个编码形成了一个价值体系，就是他所说的“消费社会”。

二、媒介文化:致命的形式

媒介文化是社会整个的文化形式。由于这个媒介的波动已经形成了大众构成的媒介文化,因而这个媒介文化已经占据了社会主导地位。我们研究的媒介文化不是一般的文化,这个文化已经改变了社会结构。人的行为方式、交往方式都在改变。因为这个媒介、信息不断地转动,人们要主动去适应它,不适应就不能生存,所以它不是一般的文化,而是致命的形式。媒介文化已经成为社会形态的形式,也成了文化的形式,是我们全部语言的基本语法。只有这样,我们才能了解什么叫大众媒介、大众文化。

媒介已经把整个世界都压缩成了符号讯息。量子学把物质抽掉了,我们现在的媒介文化是把所有社会物质都抽掉,压缩成一些形象、符号和数字。数字化意味着把物质成分全都抽掉了,然后用符号去替代物质并把它们压缩在一起,没有边界。媒介已经不再是人的延伸了,因为媒介不断地转动、逆转,它的转向深入到人类社会,越来越影响我们的社会,从而产生致命的形式。过去说媒介是人的延伸,现在则不是媒介延伸的问题,而是媒介在塑造我们的生活方式,我们必须按媒介的规定生活。媒介又是周而复始、非常快地在旋转,结果我们的生活方式和节奏都要适应媒介的旋转,这就是漩涡的力量,这就叫致命的形式。而且媒介旋转的速度惊人,人们已经无法控制它;相反,我们的生活节奏要适应它的运转。

对"大众整体"这个概念要好好了解。媒介是一个波动,这个波动波向四面八方,媒介波动的漩涡把所有人一网打尽。整体的力量太强,全球人都被网在这个网络里,大众整体形成了一个地球村,大众已经成了整个媒介形式的内容。

媒介文化其实是在高速地自我旋转与繁殖,与生活已经脱离,所以导致价值和规则进入破碎阶段,当前的文化价值已不稳定了,因为它不停地旋转,没有固定性,所以我们的价值都破碎了。大众是整体、全球化的大众,这个大众是波动、旋转连接起来的、同步的大众。只有同步才有大众,只有电子媒介同步的时候才能产生这个大众,他们是在波动漩涡里面形成的大众。这样的大众根本不追求意义。电视观众也好,互联网的网民也好,他们不是在电视上和互联网上寻求什么意义、深度、韵味，而是寻求一个个的场面、景观、仪式，因而以往的艺术、高雅的文化都会消失，越来越趋同于大众。

现代性的艺术家就是想寻求个人的风格、个体的力量，表达个人想表达的思想。以前的现代性代表人物尤其是西方的，不管是毕加索、梵高、杜尚，还是巴尔扎克、托尔斯泰、歌德，他们的语言一看就知道是他们的风格，他们是独特的。不管是贝多芬还是莫扎特的音乐，都有它们各自的风格。现在的艺术家很难形成风格，找到个人独特的语言，找到深度的意义，即使找到了也没用，他们无法超越整个大众，超越整个媒体。原来那些风格的产生就是要和现实拉开距离，所以原来的美学讲究距离的美，超越的美，它和生活不一样。现在的艺术就是要符合大众，上演完了，消费也完了，艺术性在消失。

大众还有个特点，他们中沉默的是大多数，于是出现了很重要的一个问题：身份失落。身份失落是一个大问题。大众需求的是整体同步的感官娱乐，这就是为什么节目要娱乐化，同步感官娱乐，那就是要消费、要流行。结果导致消费流行文化的出现。同步带来的是身体同时感到刺激，这就是大众文化。如果你不能达到这个效果，就会被淘汰，所以强调个性的艺术家或高雅文化都无法生存。所谓高雅，肯定有深度，有个人的表达。个人的表达在大众社会肯定就会被取消、被淹没，所以现在的权威和艺术风格很难再形成。大众屏幕意识肯定是叠加的各种信息，错乱的、拼贴的、并置的，充塞着各种形象的、仿像的、零碎的风格，这就是后现代人的特性。

沃霍尔有一句话很著名：我就是机器，我不要成为人，我就是要复制。波德里亚构建出一个控制论的，以消费、媒体、信息和高科技为基础的自我复制的社会，一个交易发生在符号、影像和信息层次上的社会。波德里亚与传统的马克思主义有些距离，但和境遇主义者有许多类似之处，他强调当代的资本主义要与旧的组织模式决裂，他确信境遇主义者已经领会了消费是控制的新形式。

三、波德里亚的模拟、仿像、复制、断裂

后现代社会是一个通过媒介和传播而建立起来的传播社会，这个社会完全是按照模拟和仿像的原则建立起来的：符号不断地重复循环，文化不再有现代

社会那种自律发展的可能性。

模拟是指影像符号对现实的替代，影像符号的复制和传播演变成一种仿像，而且与现实本身无关。如此，真理、理论、理性最终也不过是一种自我迷恋的虚构。

1. 复制

现代社会向后现代社会转变的标志是：复制取代生产。符号的无穷复制使符号失去了意义和深度，成为“死去意义的代码”或“能指的狂欢”。复制技术将同样的产品和符号通过大众传播媒介对社会实施控制。复制消解意义，使我们面对一个空虚无根的后现代社会。

2. 断裂

断裂即现代社会所确立的种种边界的消失。首先是仿像和现实之间的断裂，这是后现代文化的一个基本特征。此外，信息和娱乐之间的界线消失；政治和娱乐之间的界线模糊不清；高雅文化和通俗文化之间的界线也在消失；最后，媒介和社会之间也出现断裂。

因此，波德里亚将类像描述成用“虚构的”或模仿的事物代替“真实”的过程，也就是将电子或数字化的影像、符号或景观替代“真实生活”和真实世界中的客体的过程。类像模式形成幻像，作为真实世界的替代品，它无所不在，以至于我们因此而无法分辨真实和幻像。幻像的世界对波德里亚来说恰如一个没有深度、来源或指涉物的后现代符号世界。

四、超现实的世界

波德里亚的后现代理论中，最有影响的是他的仿像和超现实理论，这个理论可以在后现代的讨论中经常见到。比如，美国学者杰姆逊在其关于后现代文化的理论中就广泛地采用了波德里亚的这个概念。波德里亚认为，后现代社会是一个通过媒介而建立起来的传播的社会，媒介和传播具有极其重要的地位，而且传播本身也是一个极具扩张性的领域。新的传播语言取代了传统的面对面的口头传播或印刷媒介，电影中的蒙太奇手段被普遍泛化了，这就构成了后现代独特的语言学系统。换言之，这个社会完全是按照模拟和仿像的原则建立起来的，各种符号不停地重复循环，文化不再有现代社会那种自律发展的可能性，它无法逃避模拟的控制。从其理论的总体来看，波德里亚的后现代模式是由模拟—断裂—超现实"三位一体"构成的。以下集中分析他的这个理论构架，进而揭示其"后美学"理论的实质。

如前所述，波德里亚对历史的分析集中在象征或符号的构成形态上。他认为，西方自文艺复兴以来的历史可以分为古典、现代和后现代三个阶段，每个阶段的象征或符号交换的规则是不同的。在波德里亚看来，一切象征或符号都是对某种东西或它自身的模拟、仿真、表征或操演，甚至理论本身也不过是对现实的一种表述；至于艺术，就更是一种对现实或符号自身的模拟表征了。按照他的观点，在前现代，即文艺复兴以前的封建社会，符号构成有特定的法则和禁忌，往往体现为追求符号和现实之间的明晰一致的表述。在这样的社会中，符号得到了确保其绝对明晰性的庇护：每个符号都绝不含糊地指涉一个(特殊的)情境和地位水平。文艺复兴标志着地位、身份等规则的封建秩序的瓦解，人人都要求参与文化创作，于是一种"解放的符号"应运而生。文艺复兴进入了一个"模仿的世界"，符号的构成不再限于人们的社会身份和地位，这时符号的规则就是理性，或者说是指涉的理性，它要求符号必须指涉现实世界，通过对现实世界的模仿来表征世界。自然的东西变得值得怀疑了，外在形态和现实的形而上学也成问题了，这就成为自文艺复兴以来阶级的代表性主题：资产阶级符号的镜子说，古典符号的镜子说。到了现代，工业资本主义和商业化潮流把符号的运作和商品规律联系起来。在工业资本主义阶段，生产原则在符号领域的贯彻导致了连续的系列的生产形式的出现，导致了以模型来组织安排生产的新形态。随着这种趋势的进一步发展，随着技术在符号生产中作用的加强，社会进入了一个新的阶段——后现代社会。在这个阶段，以前各阶段的符号规则都失效了，符号变成了依照模型可被无穷复制的东西。

从这个属于现代的意义上说，这就是模拟。在模拟中，工业化只是一个基本形式，最终连续的可复制性不再比调整更重要，数量的等值也不比独特的对立更重要，交换的潜能比等值更具有优先性；价值的结构律取代了价值的商品律……生产过程就处于被操作的模拟所破坏的过程之中。除了这个历史描述，波德里亚还有另一种历史划分，他以符号与现实的关系为坐标，划分了西方文化中符号发展的四个阶段。如早期阶段，符号是作为现实的模仿物而存在的，它体现了符号与现实之间的本原和反映的关系，但越往后发展，则越明显地显现出符号与现实关系的分离与不相关。他在其著名的《模拟与仿像》中写道："正是伴随着这种与表征对立的模拟，表征始于符号与观察物对等的原则（即使这一原则是乌托邦式的，它也是基本公理）。相反，模拟则始于这一对应原则的乌托邦，始于作为与符号即价值的激进否定，始于符号乃是任何指涉的颠倒和死亡宣判。表征力图通过把模拟解释成虚假表征来吞噬模拟，而模拟则是把表征作为一个仿象来统摄表征的整个体系。"①

这就是影像彼此连续的几个阶段：它是基本现实的反映；它掩盖和偏离了现实的缺失；它掩盖了基本现实的缺失；它与任何现实无关而无论是什么现实；它不过是自己纯粹的仿像。

虽然难以把两个历史描述直接对应起来，但有一点是可以肯定的，那就是在波德里亚看来，随着西方社会和文化的发展，符号、影像或象征越来越趋向于自律游戏和操作性，因而符号演变成为一种仿像，与现实无关。这个四阶段理论不仅涉及影像和符号与现实之间关系的变化，而且还深刻地反映了波德里亚对真理、理性和理论甚至启蒙运动的根本看法。当符号和现实的关系逐渐脱离并发展到无关系的地步时，所谓真理、理论和理性，最终也不过是一种自我着迷的"虚构"而已。

至此可以对波德里亚"三位一体"的后现代概念——模拟——作一个简单的总结了。所谓模拟，在波德里亚的后现代理论中，指的是符号或象征对另一对象的模拟仿造和拟态。在古典文化中，模拟呈现为对现实世界和真实物的模仿；而现代文化中已经初步呈现出符号与现实分离的现象，即符号掩盖或偏离现实，这在现代主义艺术的"能指游戏"或"非人化"倾向中有所体现。例如，抽象艺术不再是对人们所熟悉的生活世界的模仿，而是一个乌托邦的理想世界。如果

---

① Mark Poster, Jean Baudrillard, *Selected Writings*, Standford University Press, 1988, p. 170.

说这个发现并不属于波德里亚所独有的话，那么，后现代条件下模拟在技术的支持下已经达到了与现实无关的地步，即符号、象征或影像纯粹是它自己的仿像的思想，则是具有相当的创造性的。从模拟的概念出发，必然转向断裂的说明。在波德里亚看来，现代社会是一个扩张或爆炸性的过程，如市场体制、生产体系、商品流通、资本、科学技术、国家疆界，甚至艺术和非艺术或不同艺术之间都显出了巨大的差异等。这个扩张的过程把技术渗透到了社会的各个方面，进而导致了社会和文化的各种区分与界限。用韦伯、哈贝马斯或拉什的话来说，现代性就是一个不断地分化和区别的过程。但是，波德里亚也注意到，在后现代条件下，现代性的扩张和分化已经停止了，发展的趋势开始断裂，即现代性确立的种种边界和界限开始破裂和消失。在其一系列著作中，他具体讨论了以下几种断裂现象。

第一，仿像和现实之间界限的断裂，这是后现代文化的一个基本特征。所谓仿像，在波德里亚那里是指通过模拟而产生的影像或符号。显而易见，在古典时代，符号是现实物的直接模仿，古典绘画中的许多题材就是对真实人物的模仿（如达·芬奇或委拉斯凯兹的作品），而现代主义的艺术则显现出符号与现实物体之间的距离。在后现代条件下，符号已经完全变成了模型或模拟仿制，最典型的例子莫过于迪斯尼乐园，其中的各种影像或符号都是现实中所不存在的，是人为模型范式的模拟物，这种模拟可以无穷地加以复制，如巴黎和东京就复制了美国的迪斯尼模式。不仅如此，在现代大众传播媒介或大众文化中，各种影像的生产和复制也早已越过现实的边界，使想象的东西和实在的东西之间难以区分。例如，好莱坞的许多影片（从《第三类接触》到《侏罗纪公园》等）所虚构的现实已经严重地干扰了人们对现实的直接判断和理解。这就带来了一个严重的后果：现实的消失和仿像的统治。这个问题将结合着第三个概念——超现实——一起讨论。

第二，波德里亚发现，在后现代条件下，信息和娱乐之间的界限也消失了，传媒的新闻已经从过去那种简单的新闻信息的传播转向越来越追求娱乐效果，新闻节目采用了大量戏剧、文学、造型艺术或电影的表现手法。文学艺术本来是一种想象性的活动，而新闻则是对事实的报道。但当娱乐和信息融为一体时，两者的界限便消失殆尽，真实与虚构的东西便难以区分。正像西方社会出现的“信息娱乐业”这个概念所表示的那样。

第三，政治和娱乐之间的界限模糊不清了，这典型地反映在美国的选举活动中。政治越来越依赖于形象设计、媒介利用、广告、专题节目、访谈、电视辩论和公共关系等各种媒介炒作。政治的传媒化、影像化所带来的变化是巨大的，它不但改变了人们对传媒本身的看法，也导致了人们对政治的看法的变化。

第四，波德里亚还发现，高雅文化和通俗文化之间的界限也消失了。在古典文化和现代文化中，雅文化和俗文化分属于不同的阵营，各自有各自的逻辑和运作规则。而在后现代条件下，两者的对立被同一所取代，界限的消失使得文化趋于庸俗。虽然这个趋势的发现并不是波德里亚的专利，但他敏锐地把这个趋势和文化的符号化、仿像化联系在了一起，这是很深刻的。另外，他还指出了另一个断裂，即媒介和社会的断裂。媒介本来是社会参与的手段，但是由于媒介自身越来越带有垄断的、统治的霸权性，因而导致了媒介和社会之间的对抗出现。波德里亚指出，媒介信息如今广泛地渗透在社会的各个方面，信息和意义开始脱节，公众已经对媒介信息的狂轰滥炸日益厌烦，并对那些吁请他们投票、消费、购买、考卷、参与的各种活动越来越抵触。于是，积极的社会公众转变为消极的冷淡的公众，各种意义、信息、符号对他们来说已变得毫无意义。这就进一步导致了社会、意识形态、政治、阶级等各种因素的消失。

波德里亚所描绘的最触目惊心的后现代图景，是所谓“超现实”的社会。波德里亚的超真实是类像历史进程的结果，在这里，自然和它所有的指涉物已经普遍地被技术和自我指涉符号所替代。

波德里亚认为，超真实是真实在类像和再生状态下的变形，希腊语中的前缀“hyper”意味着“超过、上方、超常、过多的”，是很恰当的。对于很多人来说，媒体迷狂的世界要比日常生活更真实；录像带或计算机游戏比学校、工作或政治更引人入胜、令人着迷；由于存在与他人实际关系的难题，色情录像带不切实际地刺激性欲，使复杂的性别关系简化成纯粹的性傀儡；超真实的主题公园，如世界迪斯尼乐园和仿真环境对许多人来说比实际的地点和场所更吸引人，所以超真实是真实的死亡。

当“真实”不再直接表现而被人为地（再）制造，它就变成了不真实或超现实主义的一个神话或幻想。但超真实是“它自身与真实有类似之处的一种幻觉”，成级数地增长复制，从这个媒体发散到那个媒体呈无限的增长态势。“这个真实的产生来自小型化的单位，来自主板、存储器和指令模式——用这些可以复制模式的无穷次方。”[①]在超真实的文化中，构思事物要用有再生能力的观点，我们要停止认为某种事物仅仅当它在组织序列生产的商品范围内存在才是真实的想法，真实能被买卖，能被写进小说或电影之中。“真实非常明确的定义变成了：能提供一个同品质复制品的那个东西……真实不仅能被复制，而且一直在被复制，这就是超真实。”[②]

在波德里亚的视野里，现代性已经被类像的后现代性所取代，它具有信息、符号的特征，受模式、代码和控制论的支配。另外，波德里亚认为类像的出现和作为社会组织原则的超真实已经造成了与现代性的断裂和一个新的后现代历史纪元的到来。在20世纪70年代末80年代初，波德里亚开始转向后现代的研究之后，试图发展一个新的由碎片构成的写作体系以适应后现代世界的碎形。

五、全球化技术资本主义的新阶段

我们最好把波德里亚努力描述的当代社会形态理解成资本主义的普遍延伸，它是商品生产的一种更抽象和影像化的模式，是基础结构原理的一个更高实现，是一个后现代主义所带来的更多生活领域被控制的资本主义的“文化逻辑”，也可以是一个全球化技术资本主义的新阶段。

因此，社会和真实分裂的根源在于资本主义经济，在这里，他发现了它最初和延续的支持和给养，人们可以把后现代解释为一种特殊的倒置阶段，贯穿于商品形式和资本主义社会关系的抽象化过程。这个过程先同化自然物质，然后进入文化和日常生活领域，并且延伸到后现代媒体文化及社会中影像、符号、事件的商品化交换中。如果用政治经济学的逻辑加以综合，那么我们身居的现代与后现代的过渡时代就可以通过有条件地使用波德里亚的关键范畴：超真实、类像和内爆来

① 〔法〕让·波德里亚：《象征交换与死亡》，车槿山译，译林出版社2012年版，第94页。

② 同上，第96页。

加以充分理解。所以波德里亚不需要使生产性的使用价值与政治经济学断绝关系，并从所有的现代词典中消失，我们在承认波德里亚关于媒体理论化和控制论先进理念的同时，也拒绝他们激进的措辞、预示割裂观念的征兆和悲观主义及寂静主义者的政治结论。尤其我们认为资本主义时下正在经受一个植根于新技术和国际公司重新构建的全球化的重组，我们当前正处在资本主义的无组织和重建的时刻，正处于一个既强调政治经济又注重技术与文化的境遇之中。

六、真实的迷幻世界

当然，类像、超真实和内爆现象在今天是明显的——我们仍会争辩说它们是融合了远洋运输的景观、福柯的监督和马克思的商品化模式。在美国过去的十年期间，所有主要的政治斗争均发生在媒体、媒体影像和景观的超真实世界中。广告、娱乐和小报的增加产生了新的模拟真实的迷幻世界，那些虚构的犯罪、事故或家庭或法律冲突的"真实节目"已经成了新的电视流行模式，并使观众沉迷于类像之中。1994—1997年，O. J. 辛普森审判成了一个空前的法律景观，在那里，观众生活在一个法庭戏剧艺术的超真实世界之中，它超越影像，充满了斗争且参与者直接赢得了名人身份。1991年，海湾战争显示了大众媒体传播在构建"真实"方面难以置信的力量，虽然战争的破坏性影响了伊拉克人民，而且那样的环境再真实不过了，但它的真实暴行被媒体影像时尚阻塞了，代之以正义对抗邪恶的斗争并希望动员公众来支持它，那种"精致"的炸弹常被要求用"外科手术"般的精确来打击它们的目标。事实上，经常丢失目标这种情况只不过是诺言转化成"真实"、伪装的胜利和超真实的一个明显的例子。

图 6-2　辛普森审判

图 6-3　海湾战争

随着计算机文化的繁荣，超真实的胜利的确被强化了，个体生活在因特网的“虚拟交流”中，有计算机上的“性”，有虚拟商业街中的商品，有可以去探险的虚拟环境，并且以计算机空间相互作用的新形式来构建自己的性别和身份。媒体和计算机文化正在产生新的体验和交往领域，而后现代理论有助于说明这些世界的新鲜和奇妙的事物。

以往电视是吸引其他文化形式——收音机、电影、运动、广告等诸如此类——的文化黑洞，现在计算机成了新的内爆中心，它在先前的媒体内容和形式中汲取养分。数字化为文体、影像、声音和录像带创造了新的技术文化，现在人们通过计算机可以收到电话、传真、无线电、电视、音乐以及因特网的文本、站点和声音，同时可以转换发送人们的多媒体文本。考虑到所有因特网的通路和电子邮件，众多的公司已经研发了将其导出在电视上的设备，但还不清楚这个新技术转变是使电视成为电脑，还是使电脑成为电视。无论如何，这两条线之间肯定是模糊的、不被了解的。德博尔看见了这种趋势的到来：文化在彻底转变成商品的同时，也必须变成景观社会中的明星商品。

七、后美学与超美学

从某种意义上说，超现实这个概念是波德里亚关于后现代现象学描述的一个核心概念。如果说模拟是说明后现代社会和文化是如何运作的，即模拟是一种对运作方式的说明，那么断裂就是对这种运作的内在游戏规则的说明。如此，超现实可以被视为波德里亚对模拟方式和断裂规则所造成的结果的描述。换言之，后现代社会是一个超现实的社会，人们不再生活在现实社会之中，而是生活在一个超现实的社会中。

波德里亚在其著作中对超现实作过许多界定，“模拟不再是一个地域、一个参照物或一个本质的模仿，它是经由没有原本或实在的现实物模型而产生的：即一种超现实”。“超现实展现了一个更高级的阶段，在这个范畴内，它消除了现实的东西和想象的东西之间的对立。非现实的东西不再留存于梦幻或超越之物中，它就在现实的幻觉相似物之中”。[①] 当复制过程完结，现实物不仅成了可被复制的东西，而且总是已经被复制了的东西——超现实。诸如此类的说明很多，这里需要注意的是他关于超现实界说的几个关键之处。

波德里亚认为，传统的符号活动是以存在的现实物为依据的，因此符号或影像的生产总是对现存的现实物的模仿和仿造。他把这种关系比喻为地域和地图的关系。显而易见，一定是先有特定的地形地貌的地域，经过对这样的地域的勘测和描绘，才能形成这些地域的地图。其实，古典的艺术规则正是这样的，它体现在模仿这个关系概念之中。波德里亚的一个发现是，后现代社会作为一个超现实的社会，一切古典原则都颠倒了，符号的制作不再遵循“地域在先，地图在后”的规则；相反，地域不再先于地图，而是地图先于地域，仿像的先在性正是地图导致了地域的出现。这里，“地图在先”的规则是一个巨大的变革，符号不再受制于现实物的各种限制和禁忌，它构成的内在依据不是现实，而是人工的模型和范本。这样一来，所谓的“原本”在符号活动中便不复存在了。正像杰姆逊在谈到这种现象时所指出的那样，几十万辆同样型号的汽车，根本不存在何为原本何为摹本的问题。地图和地域关系的颠倒，必然导致现实和非现实之间界限的消失。诚如波德里亚所说，“模拟威胁‘真实’与‘虚假’、‘现实’与‘想象’之间的差别”，“确切地说，一个以现实的符号来取代现实自身的问题”。这里，波德里亚道出了一个后现代的景观，即符号已经取代了现实，它们甚至比现实更“真实”。于是，在他看来，依据理性和表征而进行的判断都消失了，审美判断也不复存在。人们在西方后现代文化的许多符号产品中，无论是广告、电视还是电影，都在创造一种取代现实的“现实”。波德里亚甚至极端肯定地说，“海湾战争”与其说是一个现实事件，毋宁说是一场“电视战争”、一个媒介事件、一个景观。在后现代条件下，战争进入了一种模拟过程。于是，电视处于策略性的位置，是一个巨大的模拟者，正是它才创造了现实的战争。就像一些美国学者发现的那样，电视连续剧中虚构的人物，如威尔比医生、佩里·马森律师，每天都会收到大量来自社会各个阶层的观众的来信，他们乞求得到各种

---

① 〔法〕让·波德里亚:《象征交换与死亡》，车槿山译，译林出版社 2012 年版，第 96 页。

帮助和指导。在这里，现实和非现实的界限被严重地混淆了。更为重要的是，这些取代了现实的非现实的符号还导致了人们认识和判断现实的逻辑的混乱。换言之，在大众媒介无所不在的后现代社会中，人们对现实的理解更多的是通过各种非现实的符号来进行的。因此，非现实的符号就在无形中向社会公众施加了潜在影响。波德里亚坚持认为，后现代的危机实际上是表征的危机。表征这个概念在美学上的另一个译法是“再现”，而再现就是按照事物本来的样子描摹。表征的危机是揭示了后现代条件下，符号已经不再沿着模仿的规则运作，它自有一套复杂的游戏规则。现实与非现实界限的消失，对社会和文化的影响是极其巨大的，因此波德里亚说道：“事实上，我们必须反过来解释超现实：今天，现实本身就是超现实的。超现实主义的秘密就在于最平常的现实也可以变成为超现实的，不过在一些特定的条件下，它们仍然来自于艺术和想象物。”[①]如今，整个日常生活的、政治的、社会的、历史的和经济的现实，都被当作了模拟维度；我们已经生活在确实的审美幻像之外。有句老话说得好：“现实比虚构更陌生。”这属于生活审美化的超现实主义阶段如今已被超越，现在，不存在生活所面对的虚构，即使是为了超越生活；现实已越入了被偏激地祛除魔法的现实的游戏之中，越入了取代“热力”和魔法的冷酷的自动控制阶段。

既然现实就是超现实的，或者说，超现实就是现实的，那么，可以得出的一个合理的结论就是：后现代社会是一个超现实的社会，这正是波德里亚极力要让人们相信的一个现实。

超现实的一个本质特征是可复制性，正如杰姆逊在发挥这一思想时所指出的那样：后现代的一个主题就是复制。可复制性是模拟的产物——“仿像”的基本属性。后现代社会取代现代社会的一个重要标志就是复制取代了生产。可复制性必然导致艺术和工业的结合。这个早已被本雅明预言后又被麦克卢汉发挥的思想，在波德里亚那里又一次得到了强调。艺术和工业因此交换着符号：为了变成机器却又不失为艺术，这就是艺术，因为这种机器本身也正是一个符号。可复制性不仅揭示了艺术和技术及工业的结合，同时又揭示了符号运作

① 〔法〕让·波德里亚：《象征交换与死亡》，车槿山译，译林出版社2012年版，第98页。

过程中技术逻辑的统治。如前所述，波德里亚的后现代思想带有明显的技术决定论和宿命论观念。他发现，在符号和影像的无穷复制中，传统审美判断和创作的规则已消失殆尽，一种技术的逻辑滋生出来，它控制着仿像的复制。在这个意义上说，符号或影像的生产已进入了“冷酷的控制阶段”。数字化的冷酷宇宙吞噬了隐喻和转喻的世界，模拟的原则既战胜了现实原则，也战胜了快乐原则。这个思想是和他关于后现代条件下主体和对象关系的认识相一致的。主体正在失去对世界的控制力量，而世界正在发展出一种相对的技术逻辑，它将统治后现代世界中的主体。

这幅主体消失、历史终结的后现代图景，当然也就是波德里亚“后审美主义”的图景。合理的推论是：主体消失了，对象统治着人，历史已走向终点。审美或经典意义上的审美自然也就消失了。于是，人们面对的是一个后审美的社会和文化。波德里亚描绘了这样一幅图景：由于大众传播媒介的迅猛发展，人们所拥有的符号远远多于其所指涉的涵义，拥有的影像也远远多于其可以阐释的意义。传播的体制所传播的不过是这个体制自身，影像所指涉的不过是影像自身。于是，“文化”就并不指涉现实的影像的无限生产和增值。无论走到哪里，迪斯尼乐园或影剧院、贫民窟或百老汇，甚至在沙漠中，人们总是无法逃避符号的追踪和包围。这个符号的世界说到底乃是一个“自我指涉”的世界，一个封闭的自律的符号世界，这就造成了人和符号之间的紧张关系。在这种氛围中，艺术也完全被“仿像化”和“超现实化”。1989 年在美国召开的第一届波德里亚学术讨论会上，波德里亚提交了一篇重要论文，题为《超政治，超性别，超美学》，对他的“超美学”观进行了具体阐述。首先，超美学是后现代文化现状的一个描述，它涉及一个审美观念和艺术的广泛扩张或泛化过程。美学不仅仅局限于传统的艺术领域，在后现代条件下，它已经蔓延渗透到经济、政治、文化和日常生活等各个方面。现代主义文化所追求的那种艺术的自律和独立，在后现代文化中被有力地消解了。这个倾向在一些后现代文化的讨论中被广为展开，有的学者把这种现象称为“美学的殖民化”，即美学向其他领域的广泛渗透。这是“后美学”或“超美学“的第一个涵义。其次，经过现代主义和后现代主义的创新冲动和实验，一方面，艺术的表现手法和技巧已经成倍增长，达到了登峰造极的地步；另一方面，这种创新也已经穷途末路，无法再前进了。他在这里描述了一个没有希望的未来，一个不可能再发展的未来，即艺术的终结。换言之，主体的终结就是历史的终结，历史的终结同样又是艺术或审美的终结。在黑格尔那里，艺术的终结乃是由哲学来取代的过程；而在波德里亚这里，艺术的终结是进入了一个巨大的黑洞，一切能量都被消耗殆尽。一方面，艺术花样翻新地走到了尽头；另一方面，艺术的各种花样被移植嫁接到其他非艺术领域，审美的东西向非审美转化，这导致了艺术不可避免的衰落和消亡。最后，乌托邦已经无法实现，艺术的使命也就完结了。在1987年纽约惠特尼美国艺术博物馆的演讲中，波德里亚对场下的艺术家、批评家和艺术经纪人说，不应再去实践艺术，因为什么问题也解决不了。反过来，艺术品在市场上的价格已经高得令人咋舌，这种价值已和审美价值完全无关，这种对价值的迷恋已经超越了审美的种种界限，进而使一切审美判断成为不可能。正像他所指出的，大家都是不可知论者，人们不再拥有任何审美信念和标准。他提出了解决这个矛盾的一个方式，那就是使艺术品的价格绝对地高涨，使它比商品更像商品，比物更像物，这样一来赋予它以致命的特质。高价展示了拜物的资本主义的非现实性而具有了某种颠覆性。

显而易见，波德里亚描述了一幅令人惊异的后现代主义图景。

大众媒介在20世纪晚期已经成为占主导地位的文化形式，已经将整个社会、全球吸进它的旋涡之中。媒介已不再是人的延伸，它的传播速度引起了戏剧性的逆转，它转过身已深入人类社会的领地，成为致命的形式。

在大众整体的地球村，大众已经成为媒介形式的内容，社会已经内爆成为整体的大众。媒介文化形式自我高速繁殖并与生活脱离，导致价值进入不规则的破碎阶段，这成为我们文化的当前模式。

仿真、虚拟的世界比真实的世界更真实，个人逃离乏味的现实沙漠，寻求超现实的狂热，电视、电脑、电影、游戏、迪斯尼等媒介提供了新的经验领域，它们比现实生活更紧张、刺激、诱人，人们寻求新的感官刺激和体验：因为内在已经完全外化延伸出来，人已经完全内爆成表皮感官的透明人。

在主体消失的后现代，经典意义的审美已经消失，传统美学理论已经失败。

我们面对的是一个后审美的社会和文化。随着大众传播的扩张，“文化”成为并不指涉现实的影像的无限生产和增值，艺术也完全被“仿像”和“超现实”化，美学已不再局限于传统的艺术领域，它已经渗透到政治、经济、文化、日常生活的各个方面。艺术已经被无限扩张、泛化了，现代艺术追求的自律已经被消解——生活审美化，审美生活化。

八、终结：虚无主义的消失模式

波德里亚认为，现代社会是一种和传统相对立的文明形态。传统社会是多样化的异质文化，而现代社会是同质性的文化。前现代社会的基本标志是以象征交换来建构的社会文化，而现代社会则是以生产来建构的社会文化，后现代社会则是一个消费社会。现代社会是一个“出现”的社会，而后现代社会则是一个“消失”的社会。

波德里亚还宣称：当一切都变成文化、艺术的时候，文化、艺术就内爆出来而终结了，文化、艺术、政治、价值、意义、现代性理论都终结了。我们进入了空虚无根的后现代社会，一切意义都是人制造的。波德里亚将虚无的世界放在意义的幻想之上，并认为这是对后现代立场的最好表述。

虚无主义就是没有欢乐，没有能量，没有对未来的希望，忧郁是意义消失模式的特性。一切价值流行都在仿真的天空划出一条弧线，消失在虚无中。他对于消失模式的分析是对当代社会理论的新贡献。

媒介最重要的一个特性就是波动。波德里亚就曾宣称，在后现代，所有的现代性都消失了，文化终结了，艺术终结了。法国的蓬皮杜中心全都是内爆，像个工地似的。在后现代艺术馆，一些红绿蓝的管道暴露在外面，玻璃管还有各种通风口完全暴露，因为里面没有什么东西，全是内爆了。在西方，文化艺术的创造力正走向衰落。内爆的概念就是死掉的、死亡的东西，所以波德里亚说现在全部都在终结、死亡。整个西方文化就是一个消失模式，一个个在消失，因此哲学、艺术都在宣布终结，好像上帝在吹灭一根根蜡烛，这就是一个消失的模式。

那么，怎么让东方文化融入波动的媒介环境呢？我们用当下来感知它，感受这个波动，这个媒介环境仍然在“大道”里面。后现代带来现代文化的整个终结，后现代人之所以在这个媒介环境里失落身份、漂流、无家无根，都是因为没有这个“大道”。所以讲到禅宗，讲到“心”，因为现代媒介文化缺的就是“心”，就是根。也不是说现代人没有根，而是现代文化社会发展其实缺一个根基的东西，就是指这个“心”。这个世界很混乱，它在终结，最根本的是你要进入自己的心，这个心才是“大道”。在这个世界里，你要用心感受当下，心在这里和这个环境是能够波动的、能够对应的，你一定要找到这个心，才能找到自己的根。所以我们一直说向内寻求，找到你的根，明白你是谁，这样才不至于失落身份。找到你的根，感受这个波动，这样才能把我们的后现代媒介环境与我们的大道波动结合起来，最后落脚到心。佛陀原来就说过：“你不是身体，你不是大脑，你就是意识，就是这个心。你才知道你是谁，原来你是这个心，你是这个波动，你要成为自己的光！”

说到技术对人的统治，技术越发展，人的主体自由就越小，人就越依赖机器，最终变成技术的奴隶，意义也将最终消失。可人又无法抗拒技术的发展，这就是人类社会的定命。“主体控制对象的游戏已经结束”，历史的进程不再是人的控制，而是技术自身的扩张。

思考与研讨题

1. 请谈谈波德里亚符号政治经济学和消费社会。
2. 什么是波德里亚的超真实世界？
3. 如何理解波德里亚的模拟、仿像、复制、断裂的概念？
4. 波德里亚是如何阐述“超美学”的？请谈谈你的看法。
5. 后现代主义社会的新游戏规则在波德里亚的理论中是怎样的？
6. 如何理解波德里亚所说的“虚无主义的消失模式”？
7. 如何理解波德里亚所说的“媒介文化是致命的形式”？
8. 什么是波德里亚的“内爆”概念？

第七章　利奥塔论后现代状况

本章要点

西方文化在20世纪中期发生了根本的转向，现代主义文化经历了一百年之后日渐式微，后现代主义文化已成为西方文化新的主潮。其实，后现代文化主要是媒介环境带来的，是媒介文化传播的影响所导致的后现代特征的社会形态。

图 7-1 利奥塔(1924—1998)

西方文化在 20 世纪中期发生了根本的转向，现代主义文化经历了一百年之后日渐式微，后现代主义文化已成为西方文化新的主潮。在这个主潮中，法国哲学家利奥塔无疑是最引人注目的一个人物，他是率先提出后现代主义问题的理论家之一。

利奥塔 1926 年出生于法国的凡尔赛，他的主要著作有《话语，形象》《后现代状况》《公正游戏》《走向后现代主义》。"向总体宣战"可以被视为利奥塔后现代理论的核心。总体性的概念出自黑格尔，在马克思主义那里指社会生产关系的统一整体以及认识世界的辩证方式。利奥塔认为，总体性就是启蒙以来西方思想界中追求普遍性、决定性的一种倾向，它以话语的方式体现出来。利奥塔就是要颠覆理性主导的总体性思维模式，消解作为现代标志的"宏大叙事"，主张个体的、多元的"小叙事"。

利奥塔指出，知识就是一种叙事，而总体性的"宏大叙事"是过去的一个"神话"，应代之以一种后现代的叙事。他认为后现代的科学知识的话语和叙事分离，中心化的文化和社会已经一去不复返了，非中心化大局已定，人们的价值观也呈现出多元化和相对主义的面貌。这样的非中心化、非总体性的世界就是一个后现代世界。

在后现代世界里，现代主义艺术中的风格被消解，现代艺术所激发的反叛性似乎已经开始衰竭，传统的包罗万象的"宏大叙事"方式已经让位于破碎的细微的微观叙事。在后现代的艺术中，复制取代了原创，操作取代了想象，破碎取代了整体，过程取代了作用，我们看到的更多的是技艺型的工匠，而不再是历史上那种伟大的艺术家和英雄。

利奥塔提出了一个新的美学概念，即"超越美学"，其特征是反对西方传统中赋予理性、话语、文本以优越性而贬低经验、感觉和形象的传统。利奥塔想要颠覆传统西方文化中对立二分的思维模式，他要为艺术、感性、想象力和形象的存在寻找依据。利奥塔沿着尼采、弗洛伊德的路径，进一步对西方历史进行解构。他发现西方文化一直崇尚理性，也就是崇拜话语；而对话语的崇拜，实际上是对欲望、感性、本能、无意识的压抑。他引入弗洛伊德的分析理论，即欲望属于“原初过程”，受制于本我和快乐原则；而话语则受制于更改和自我，服务于“现实原则”。由于西方文化历来推崇理性和话语，因而欲望和形象自然而然地受到排斥和冷落。如此，利奥塔在拯救欲望、形象、艺术想象力的同时，也就颠覆了西方理性至上的传统思维模式。他把意象、形象从理性和话语中解救出来，提出了一种形象的写作模式，目的在于用形象的话语来打碎抽象的理论话语。

利奥塔以后现代的感性来抗拒现代主义解释的理性的美学，他提供了一个区分现代主义美学和后现代美学的方法——话语的和形象的。他认为，最好是通过考察无意识如何不像语言那样来结构本文的，进而理解无意识的本性。现代主义的文化特征就是强调话语、理解和语言功能；而后现代主义正好相反，它的基本特征是强调形象、解放欲望，唤起无意识过程，不再压抑感性而解放感性。

笔者之所以在本书中选取了利奥塔，是因为媒介文化的传播正是以非中心化的多元话语互动参与的后现代文化为特征的。后现代文化其实应被视为媒介文化的一种显现。在信息网络社会，伴随人人都是媒体的微博时代的到来，“宏大叙事”已完全被个人的叙事所解构，权力、权威、话语权越来越分散、流动、多元。我们的互联网正是“人的中枢神经的延伸”，是后现代网络社会的新感知模式，是一个“集体无意识”的感知环境，人们的欲望、愿望、无意识、感觉、话语、观念都得以释放和解放出来。围绕一个太阳旋转的时代已经过去了，现在是满天繁星。这正是电子媒介环境中的后现代文化状态。

后现代文化也被称为后工业社会或信息社会。从世界范围来看，由于科技迅猛发展，知识、信息快速增长和传播，人们正从工业社会向后工业的消费社会转移。一切都具有商业性的消费性质，包括文化生活方式。后现代的文化具有大众消费的特性，这主要是现代媒体传播所带来的。电视是后现代文化中最具有影响力的传播媒介，电脑将与电视融合，形成多媒体网络文化，给世界带来更大的冲击。

世界正在发生巨大的变化，因而人们对世界的认识也会发生根本的变化。后现代世界的总体特征就是非中心化、非总体性，可以形象地将此比喻为“围绕一个太阳旋转的世界已经过去了，现在是满天繁星”。从价值观来说，人们尊重多元化和差异性。

一、后现代科学：相对论与量子力学的多重世界

> 相对论和量子理论共同推翻了牛顿物理学的事实，对于我们世界观中的自鸣得意是一种警示。它表明，我们必须时刻把我们的世界观看作是暂时的、探索中的和存有疑问的。我们必须有一个世界观，但是我们不必将它视为一种绝对的东西，并为质询与变化留下空间。我们必须避免教条主义。
>
> ——大卫·玻姆

图 7-2 爱因斯坦（1879—1955）

在牛顿的框架中，时间与空间被看作是绝对的、分离的现实，对时空的准确测量从不变化，两者不相互影响，都独立于人类意识之外。光速从绝对静止的位置上在宇宙的空间中被测量。当热动力学引入了不可逆的时间而打乱了这种绝对的秩序时，爱因斯坦通过引进时间的旋转拒绝了作为僵硬和分离结构的时间和空间。

爱因斯坦的理论勇敢地与常识的实在观相背离，创立了一个带有弯曲空间、黑洞、同时性和一种基于时空连续体的第四维实在的奇特宇宙。最终爱因斯坦将相对论引入科学框架之中，打破了主客体的截然分离。因为爱因斯坦相信宇宙中存在着常数，其中最有名的就是光速，所以术语“相对论”是一个误导，也许更适当的术语应该是“透视理论”，因为他认为对物理世界的观测会随着观察者的变化而变化。

对于爱因斯坦来说，宇宙中并不存在绝对的、恒定的、特定的基本点，相反，每个事物都在与其他事物的相关中运动着。作为其著名思想的表述，如果观察

者坐在行进的火车之中观察窗外之景，对时间的知觉将与运动的速度有关，火车外任何时钟相对的旅行乘车行进得越快，对于观测者来说那个时钟记录的时间中个人的运动就越慢。过去、现在和未来及因果系列，像物体的开关与颜色一样，其变化都与观察者的速度相关。一个人以光速前进时，时空将不再是分离的坐标，相反，它们缠绕为时一空的连续体的第四维，在那里，空间缩短则时间膨胀，空间膨胀则时间缩短。

爱因斯坦可以被视为朝向后现代意识过渡的标志性人物。他打破了将空间视为由分立部分组合而成的有强弱分域的机械论概念，预示了量子理论的逻辑。在不放弃客观测量规范的同时，他将主体性和相对性因素引入了科学的框架。当一个观察者改变速度和相关于它的方向时，便会导致"客观世界"改变它的尺寸、形状、颜色。通过引进相对论和能量的概念，爱因斯坦摧毁了牛顿世界的稳定性。正如马特森认同的那样：

> 不是"质量"而是"能量"，现在成为科学的基本格言，可靠性，从此既不被置于超距作用上，不被置于力的或半固体的以太的机械论概念上，不被置于通常设想的时空的统一体与稳定性之上——确实，也不可能被置于欧几里得几何的基本公理之上。

然而，按照戴维·玻姆的看法，爱因斯坦并没有彻底打破原子主义，这是因为他拒绝了无地点连接的理论，这种理论认为事物没有明显的连接力而能在任何距离被连接。相对论和量子物理学都认同没有中断的整体性，虽然它们在其他的问题上并不一致。这就是说，相对论要求严格的连续性、严格的决定论和严格的位置性，而量子力学要求的恰恰相反——非连续性、非决定论和无位置性。

爱因斯坦既在发展量子理论又在对其某些设想的批评中担当了重要的角色。虽然相对论击破了关于客观性的经典理论，但爱因斯坦也分享了牛顿要求对自然进行完整描述的雄心，拒绝非决定的理论，反对尼尔斯·玻尔，争辩说"上帝不能在宇宙中掷骰"。爱因斯坦相信自然存在着未知的特性，这是一种隐藏的变量，一旦发现它，物理学中的决定论将重新复活。爱因斯坦对自己的理论的推论——一个变化、膨胀着的宇宙——感到沮丧，于是改变了自己的方程式，以使它们符合于他对一个静态的宇宙的信仰。爱因斯坦把自己对场方程式的改变视为“我生命中最大的错误”。

尽管这个科学巨人力图堵住决定论大坝上的漏洞，但是非决定论和混沌的力量正以从量子力学中释放出来的不可阻挡的变化浪潮决堤而出。尽管量子力学认识到在肉眼和望远镜看得到的恒星、行星和运动的宏观世界中针对运动和重力的牛顿规律具有有效性，它仍在探索一个新的亚原子世界。那里弥漫着非决定论，物质的运动与更大的世界中我们所熟悉的运动规律不相符。量子力学在产生反直觉的和悖论式的科学观念方面追随爱因斯坦，但它们却是在根本不同的理论框架中发展起来的。量子力学的激进性引导着史密斯和玻姆将其称之为“后现代物理学”，它不同于服从于机械主义逻辑的古典物理学。爱因斯坦介于世界的现代与后现代之间，而玻姆和其他人则跨进了后现代，对机械论、决定论和绝对主义进行了决定性的突破，支持了一种比原先的现代模式更加具有有机性、非决定性、随机性和多视角的特征的后现代科学。

图 7-3 普朗克(1858—1947)

按照马特森的说明，量子物理学是反对机械运动的那种后现代运动的顶峰。但是，他发现了19世纪早期伴随着关于统计性的热力学理论，和伴随着电磁理论中詹姆斯·克拉克·麦克斯韦尔的方程而出现的重要变化。通过承认在我们对电的自然本性的认识中的不确定性，通过展示在一事实上距离中对存在于电磁场间的相互作用的牛顿原理的不充分性，这些公式明确地放弃了牛顿力学的整个基础。对牛顿主义科学局限的洞察，在19世纪末期由恩斯特·马赫、海因里希·赫兹和卡尔·皮尔逊进一步向前推进，同时也存在着一种拒绝似是而非地为机械主义提供非物质基础的“以太理论”的运动。爱因斯坦的相对论给这些变化带来了更加沉重的分量。但是，尽管这类发展有着原创性，马特森却争辩说，它们全部“公平地说，也仅仅算得上是一个20世纪科学真正革命的前奏曲：即量子物理学”。

至1927年，量子理论被建立为逻辑一贯的理论，量子革命开始于1900年，那一年马克斯·普朗克犹犹豫豫地发表了他关于能量辐射的论文，这篇论文的影响超过了牛顿范式的范围。亚里士多德和牛顿理论一直宣称物质以一种平滑和连续的方式运动，普朗克却发现由原子振荡产生的能量是突然的、不连续的喷射，包括他称为"量子"的能量包。

在亚原子世界，物质的最基本成分——量子力学的标准解释与其说存在于独立于实体的术语中，倒不如说存在于相关性的术语中。它们不是孤立的，是可以被精确地规范或预测的，因此它们才能像它们真实存在的那样被人掌握。关于量子力学的一个基本洞见是，在领悟和分析亚原子粒子的过程中，科学家们不可避免地要通过测量仪器去影响它们的行为。正如尼尔斯·玻尔所强调的那样，科学家不能确定亚原子粒子的位置与速度，但必须以最准确的方法去选择测量的方位。在一种严格的回溯关联中，越是关注某一种特性，就越不可能同时观察到其他特性。因此，严格地说，由传统"物理学"所假设的诸多条件通常被作为准确预测的必要条件。例如，客观世界的稳定性和观察者主体的中立性，这些在微观物理学中都是不能被接受的。

沃尔纳·海森伯辩解道，在量子物理学中有一种无法消除的"非确定"的强力因素，如同牛顿力学、量子力学企图预测物质的运动，但是他明白存在于亚原子世界中的不确定元素妨碍了准确的预测，所以能够预测的仅仅是可能性、统计规律而不是确定性。因此，科学家能够预测一组现象将做什么，而非单个元素将做什么。随之而来的是，作为塑造现实的一种激进的新方法，量子力学的哲学含义是十分复杂而深远的，所有这些都在后现代理论中打下了烙印。针对观察主体不能确切地掌握感知客体的存在领域进行理论化，量子力学在所有可能的领域中向现代的再现认识论发出挑战。与牛顿世界的确定性相反，量子力学发现，实在的最基本层次用任何精确的方式都不可能再现。确实，既然没有测量仪器的帮助，那就没有什么可以真正地看见一个电子，量子力学科学家承认，与其说他们在确切地反映实在，倒不如说他们在塑造实在，他们认为我们关于"客观世界"的概念是一个认识结构。

这导致了如海森伯那样的物理学家去论证说，我们甚至不应该去尝试对粒子进行具象化处理。同样,玻尔所推动的关于量子力学的"哥本哈根解释"使用的并不是试图使半理论与实在相匹配的真理相符论,而是在实验环境中寻求结果的实用主义真理论。玻尔相信,非决定论对于自然来说是基本的,但他并不认为这就表明了科学知识本质上的不充分性。他争论说,科学应该在无需试图加以解释的情况下学会去接受非决定论,并且应该把它的理论奠基在可被实验性地加以计算的事物上。

当人们无法精确地测定关系或预测未来的事件时,有关因果的机械概念就不能支撑了。对于这个理论修改具有基础性意义的,是重新思考有关再现认识论的另一种重要信条。量子力学使存在于主观和客观之间的区别成为问题,通过暗示观察者在被观察者行为中的作用,破坏了从中立观察者出发的认识论。在主体既是观察者又是知觉过程的参与者的时候,所谓绝对科学的独立存在就成了一种怪物。在量子力学中,主体和客体两者与其说被看成消极的,倒不如说被看成积极的,人类对于"外部"世界的知觉和理解不可避免地受到假设、偏差、技术和实践的影响。这种通向观察的解释学途径在现象学家、马克思主义者、女权主义者、实用主义者和科学哲学家的详细阐述中得到了解决和发展,正在成为后现代科学的一个核心特征,在爆发于 20 世纪 90 年代中期的"科学论战"中成为争论的一个焦点。

量子力学也向活跃于整个西方形而上学的亚里士多德的同一性逻辑发起了挑战,通过显示光既是粒状的又是波状的,根据在光的研究中应用于分析它的实验的不同类型显示出的不同特性,量子力学的"多重世界解释"坚持,实在有着不同的层面,它们的形成有赖于人们所使用的不同的实验工具。因此,量子力学使现代科学对实在的单一、普遍有效的语言的寻求成了问题。根据玻尔的互补性理论,实在是不可还原的复数化和复杂化,没有一种单一的理论描述能穷尽它。相反,多元化的语言和视角是必需的,假如追求独立,它们就相互排斥;假如相互合作,它们就彼此补充。

二、"向总体性宣战"

后现代文化最重要的特征就是超现实。人们越来越适应于虚拟的世界和符号化的世界,甚至觉得符号化、影像化的世界比现实世界本身更真实。虚拟世界已经成为人们生活栖居的“文化环境”,已成为自然现实世界的“第二自然”。摄像、电影、电视、电脑、各类广告形象、游戏光盘、虚拟社区将重构后现代的生活方式。

人们正在被“影像的世界”所统治,影视文化将在媒体传播社会里处于支配地位,成为最主流的文化生活方式。

了解后现代文化和价值观念对电视人来说是极其重要的,要清楚人们所生存的社会语境,更多地了解观众的需求,不能再继续“播什么,你看什么”的模式了。要缩短传者和接受者之间的距离,尊重多元化的交流,让观众积极参与到电视节目中来,形成互动,让观众满足于真正的娱乐。电视节目总的趋势是:观众积极参与、互动、交流、娱乐。

“向总体性宣战”可以视为利奥塔后现代理论的核心,他在《后现代状况》一书中开宗明义地写道,他的研究对象是高科技社会的知识状况。他之所以用“后现代”来描述这一状况,原因就在于这个概念正好说明西方当代文化经历了一系列的嬗变。在科学、文学、艺术等各种语言游戏中,规则彻底改变了。

利奥塔发现,分化过程不但可以在社会或文化的层面上反映出来,而且可以在科学知识的领域清楚地看到。分化或者说科学的专业化分工现象,对黑格尔以来的批判哲学家们所大力提倡的所谓的总体性也构成了极大的威胁。利奥塔甚至认为,所谓的总体性如今只能是一个过去的“神话”。从科学知识的后现代发展来看,一个又一个具体知识领域的出现,越来越专业化的分工,导致了一种自近代以来不曾有过的学科间互不通约的状况的出现。不同学科的不同科学家们操着不同的语言,言说不同的事物,在他们之间,已经出现了明显的分裂和隔阂,甚至不同的学科间无法找到统一的共同的语言甚至话题。可通约性的消失,构成了一种特有的后现代景观。一方面,各门科学知识变得越来越独立和自律,越来越专业;另一方面,各门知识之间共同的普遍的共识不复存在。

利奥塔所描绘的这样一幅后现代的景观在现代主义出现时,人们就已经在尼采、克尔凯郭尔、陀思妥耶夫斯基等人愤世嫉俗的狂言中早有所闻。尼采断言:“上帝死了!”陀思妥耶夫斯基调侃地说:“如果上帝不存在,干什么都可以。”

这样的话和利奥塔的见解真可谓大同小异。也正是这一点,人们理解了利奥塔一个令人费解的观点:后现代主义是初期的现代主义。

概而言之,利奥塔对科学发展的历史描述以及所分析的叙事的危机和科学合法化的自我证明,无非是要强调一个显而易见的趋势,中心化的文化和社会已经一去不复返了,非中心化大局已定。总体性被局部决定论所取代,甚至价值也呈现出多元化和相对主义的面貌,异质的语言和规则普遍存在,而且各自都有存在的理由。在利奥塔看来,后现代就是对元叙事的怀疑态度,这种怀疑正是科学发展的产物,而科学的发展反过来又预设并加强了这样的怀疑。这样的怀疑进一步导致了多元的文化和知识的出现,导致了主体对不同事物的宽容和对差异的敏感。此外,文艺复兴和启蒙运动以来的那种"知识的英雄"和"解放的英雄"也逐渐消失了,在后现代文化中普遍存在的是各种各样的专家,巨人的时代转而被一个平庸之辈的时代所取代。这样的非中心化、非总体性世界就是后现代的世界。

三、多元差异和相对主义

在《后现代状况》中,利奥塔分析了现代和后现代知识的不同形态,发展和完善了这种微观的和多元的认识论。他发现现代知识的形成和发展有三个条件:第一,把元叙事合法化;第二,合法化和排斥差异不可避免地发展;第三,对同质的认识论和道德规范有欲望。在利奥塔看来,现代性的元叙事很容易导向一种排斥,一种对普遍的元叙事的巨大欲望。而这种普遍化的、同质化的认识必然会摧毁他所提倡的那种语言游戏的异质性。所以共识说到底不过是一种对差异和分歧的"强暴",是把虚假的普遍性和同质性强加给异质的现实,一言以蔽之,就是对元叙事的依赖。这其中的核心是一种普遍主义和本质主义的认识论。在比较了现代知识和后现代知识的区别之后,利奥塔极力主张一种新的认识论,利奥塔的目标就是摧毁现代知识赖以存在的那种追求绝对普遍游戏规则的认识论,提倡一种多元的、相对主义的和差异的后现代的认识论。在这个意义上说,利奥塔的后现代哲学具有深厚的实用主义倾向。在他的一系列著作中,利奥塔对"异教的"这个概念十分着迷,这不是偶然的。当他把现代性的伦理学转化为后现代的修辞学时，“异教的”或“异教主义”就带有明显的反抗和颠覆性质了。从积极的方面说，他的后现代修辞学主张的是一种自由的个别的“小叙事”，强调对现代知识或文化中普遍存在的中心、一元和霸权的反抗与拒斥。正像“异教主义”的“异”字所体现的差异和区别一样，后现代主义的修辞学乃是多元、宽容的代名词，“异教主义”指的就是标准做出判断的情状。从消极的方面看，利奥塔的反中心论和基础论又带有相当程度的怀疑论、相对主义甚至虚无主义倾向。既然任何叙事都具有自身合法化的性质，那么在不可通约的条件下，各种叙事既不可能比较，又无法进行判断，以至于他得出了以下非常偏激却合乎情理的结论：无知识不再是一种过错，学习知识是为了获得能带来更高工资的专业资格。

在这样的认识论基础上，利奥塔甚至对使用像“我们”这样的主体概念都存有戒心。当哈贝马斯使用“我们”这类范畴时，它的确切含义是什么呢？利奥塔把这个问题和后现代的多种民族文化问题联系起来，他的多元异质共存的认识论，使他对“我们”进行了深入的批判，以至于他这样写道：这个“我们”正是一种语法的强暴，旨在通过一种虚假的普遍人性的承诺，把“你”和“他”的文化的特殊性消解得一干二净。因此，人们必须和这个“我们”相分离，必须充分注意和警惕这种侵略性的、压迫性的“我们”的“神话”的合法化，进而坚持自己的多样性和异质特征。

四、“超越美学”颠覆传统理性思维模式

利奥塔思想深处始终有一种内在的反抗性，他对西方自柏拉图以来的思想表示质疑。在《话语，形象》一书中，通过对黑格尔、索绪尔、弗洛伊德、拉康和梅洛·庞蒂的批判性考察，他提出了一个新的美学概念，有的西方学者称之为“超越美学”。这种美学的特点用他自己的话来说，就是反对西方传统理性、话语、文本的优越性，而贬低经验、感觉和形象的传统。所以他把这部书描述为“为眼睛辩护”。依照他的看法，西方哲学几千年来已经形成了一个对立二分的格局，如理性和感性、理智和欲望、普遍性和特殊性、话语和形象、说和看、推论和感悟、阅读和感知等，这一系列的对立二分都把前者看得比后者更可靠、更重要。

利奥塔就是要颠倒这个思维模式，为艺术、感性、想象力和形象的存在寻找依据。按历史来说，这个颠覆早在尼采、弗洛伊德、梅洛·庞蒂那里就已经开始了，利奥塔沿着这种思路，进一步对西方历史进行了解构。

后现代主义的基本特征是强调形象，解放欲望，唤起无意识过程，解放感性。他发现，启蒙运动以来，西方文化崇尚理性，也就是崇拜话语，而对话语的崇拜，实际上就是对欲望的压抑。他引入弗洛伊德分析系统，即欲望属于“原初过程”，受制于本我和快乐原则；而话语则受制于理性和自我，服务于“现实原则”。按照这个参照系，欲望是非道德的，甚至是破坏性的，它必须受到理性的制约和压制。由于西方文化历来推崇理性和话语，因而欲望和形象自然而然地受到排斥和冷落，它们往往在艺术和审美中留有一席之地。在利奥塔看来，艺术和形象实际上成了欲望的唯一载体，他在拯救形象、艺术和欲望的同时，也就颠覆了西方理性至上的传统观念。正像美国学者白斯特和凯尔纳所指出的那样：利奥塔试图从理性主义和文本主义话语理论的批判和贬低中，把意象、形式和形象解救出来，并且发展出一种形象的写作模式，“以词语和伴随着词语来刻画”，目的就在于用形象的话语来打碎抽象的理论话语，以采用越轨文学策略的新话语来摧毁霸权可能性的话语。

他发现处于现代主义高峰时期的超现实主义是典型的“后现代”，因为这个艺术派别突出地反映了利奥塔所说的以“形象的”来对抗“话语的”倾向。更进一步，他认为美国著名批评家桑塔格“反对解释”的理论正是利奥塔的后现代观念的另一种表现。利奥塔提供了一个现代主义美学和后现代美学区分最明确的对立二分——话语的和形象的。“利奥塔的‘话语的’概念是弗洛伊德的继发过程，是依据现实原则的自我操演。相反，‘形象的’则是指无意识的原初过程，它依照快乐原则来操作……利奥塔认为，最好是通过精确考察无意识是如何不像语言那样来结构的，进而理解无意识的本性。”[①]

通俗地说，拉什从利奥塔的理论构架中引申出一个关于现代主义文化和后现代主义文化的理想类型区分。现代主义文化的特征就是强调话语以及理性

---

① 王岳川、尚水编：《后现代主义文化与美学》，北京大学出版社 1992 年版，第 78 页。

(继发过程)和语言的功能,而后现代主义正好相反,其基本特征是强调形象,解放欲望,唤起无意识过程,不再压抑感性而是解放感性。利奥塔对后现代文化中形象的中心地位的发现,和后现代的其他许多理论家不谋而合。当然,两者也有很大的不同:一方面,按照美国学者白斯特和凯尔纳的看法,他们对形象或影像的理解是不同的。对利奥塔来说,形象是丰富的,并和欲望密切相关,因为通过形象,欲望可以得到宣泄和实现;另一方面,波德里亚分析的是影像如何操纵欲望并进入一种商品消费过程,最终导致社会的依从和整齐划一。

思考与研讨题

1.什么是利奥塔的“向总体宣战”?

2.利奥塔的后现代认识论是如何阐述的?

3.如何理解利奥塔的“超越美学”?

4.你怎样理解利奥塔的“形象”概念?请谈谈你对利奥塔所说的“唤起无意识,解放感性”的认识。

5.你认为媒介文化会解放欲望、唤起人们的无意识?它会不会带来一种集体无意识的人文环境?

第八章 杰姆逊论后现代媒介文化特征

本章要点

杰姆逊主张,为了研究后现代文化现象,我们必须要有一种超越这种文化现象的视角。他采用马克思主义的生产方式对后现代文化现象作总体性的探究,这其实是一个透视不同的社会文化的历史构成的视角。在他的理论中,后现代主义不只是一个文化范畴,更是一个社会历史概念。他认为,后现代主义的经验不是一个本地的地区性经验,而是一种复杂的全球化体验。

后现代主义是一种空间的平面模式的文化空间。这个时候的文化是流动的空间,是可以无穷复制的信息符号空间,空间流动且无穷无尽地扩张,这种虚拟空间只在网络上平面化地流动传播。无穷的信息符号复制导致了平面化的无意义,它们只是装饰性的、消费的、娱乐性的文化消费和沟通交流的模式。杰姆逊把后现代的空间理解成一个"无距离"的空间,已失去物质空间的位置感、稳定感和方向感。其实,后现代文化是媒介社会的共同经验,是全球化的体验,是当今全球化的时空感知,是全球性的消费社会的生活方式。

图 8-1　**弗雷德里克·杰姆逊(1934—)**

美国学者杰姆逊的“马克思主义的后现代主义”在一定程度上把“批判理论转向”和“后现代转向”结合了起来。他的思想来源于法国后结构主义和后现代主义以及德国法兰克福学派理论，他强调一种法国特有的“削平中心”的思想，同时又具有哈贝马斯那种德国式的强调总体性传统的思辨分析模式。杰姆逊是站在德国和法国思想传统的边界上建立自己的理论系统的。

杰姆逊 1934 年出生于美国的克利夫兰。1985 年，他在北京大学讲授“后现代主义和文化理论”，对中国学术界的后现代主义问题的研究具有相当重要的影响。他的主要著作有：《语言的囚牢》《后现代主义与文化理论》《后现代主义，或晚期资本主义的文化逻辑》《文化转向》。

杰姆逊主张：为了研究后现代文化现象，我们必须要有一种超越这种文化现象的视角。他采用马克思主义的生产方式对后现代文化现象作总体性的探究，这其实是一个透视不同的社会文化的历史构成的视角。在他的理论中，后现代主义不只是一个文化范畴，更是一个社会历史概念。他认为，后现代主义的经验不是一个本地的地区性经验，而是一种复杂的全球化体验。

杰姆逊认为，我们的文化形式已经从现代主义或先锋派艺术（西方现代艺术流派之一，广义上泛指最新的、具有反叛性的文学艺术现象；狭义上特指第一次世界大战前后在欧洲出现的，反对艺术体制和艺术自律的一些艺术流派）转向后现代的文化形式。现代主义的特征是：表达的危机、焦虑、个性风格和深度模式的追求。现代主义与文化体制、技术和工具理性、大众文化的消逝这三种力量在对抗冲突中构成了独特的历史文化景观。而随着技术的推进，尤其大众传播媒介的发展，全球共同走向一体化，晚期资本主义社会进入一个消费社会。他吸纳了波德里亚的观点，认为生产的社会会让位于消费的社会，商品交换的逻辑已经渗透于社会文化的各个方面，而后现代主义正是在资本全球扩张或媒介资本主义时期出现的，文化形式已发生了从现代主义向后现代主义的转向。

杰姆逊在方法论上把现实主义、现代主义和后现代主义看作是与资本主义社会形态相对应的各阶段文化逻辑的体现。他在对现代主义向后现代主义转变的分析中采用的总体概念是“深度与平面”的对立。他发现，现代主义本质上是一种时间性的模式，而后现代主义则是一种空间性的模式，从时间向空间的转变导致了深度的消失。他概括了后现代主义的几个基本特征：(1)从深度时间模式转向平面空间模式；(2)从中心化的自我焦虑转向非中心化的主体零散化；(3)从个性风格的表达向仿像的机械复制转变；(4)从自律的审美观念向消费逻辑转变。

在电子媒介环境中，人们的感知模式的尺度发生了完全的改变，尤其是对时间与空间的感知完全不同。人们处在媒介传播的网络社会，时间是无时间性的，瞬间即逝，人们只存在于现时，没有历史。大量四面八方的信息都涌入此时，信息被不断地覆盖、复制、传播、流动；关于过去的历史感消失，表明深度的历史感也消失。最后，通常称为历史意识或过去感的历史深度也丧失殆尽。杰姆逊把桑塔格的《反对解释》作为这种消解深度模式的代表，即不需要解释，只需要体验和刺激的新鲜经验。

后现代主义是一种平面模式的文化空间。这个时候的文化是流动的空间，是可以被无穷复制的信息符号空间，空间流动且无穷无尽地扩张，这种虚拟空间只在网络上平面化地流动传播，无穷的信息符号复制导致了平面化的无意义，它们只是装饰性的、消费的、娱乐性的文化消费和沟通交流的模式。杰姆逊把后现代的空间理解成一个“无距离”的空间，失去了物质空间的位置感、稳定感和方向感。

其实，后现代文化是媒介社会的共同经验，是全球化的体验，是当今全球化的时空感知，是全球性的消费社会的生活方式。

一、现代美学变成了一种视觉美学

目前居“统治”地位的是视觉观念，声音和影像尤其是后者组织了美学，统帅了观众。在一个大众社会里，这几乎不可避免。群众娱乐(马戏、奇观、戏剧)一直是视觉的。当代生活中有两个突出的方面必须强调视觉成分：其一是现代世界是一个城市世界，大城市生活和限定刺激与社交能力的方式，为人们看见(不是读到和听到)事物提供了大量优越的机会；其二是当代倾向的性质，它包括渴望行动(与观照相反)、追求新奇、贪图轰动。而满足这些迫切欲望的莫过于艺术中的视觉成分了。

人造的市景被蚀刻在建筑和桥梁上,工业文明的主要材料——钢与混凝土——在这里找到了自己的独特用场。用钢材取代砖石,就使建筑师矗立起一个简单的框架,在上面"披"上一座楼房,再把那个框架推向云霄。钢筋混凝土使建筑师创造了"雕塑"形体,使得它们具有了自由驰骋的一种生命。在这些新形式中,人们发现了一种对空间的雄浑而新颖的理解和组织。

在新的空间概念上,有一种固有的距离的销蚀。不仅新型的现代运输手段压缩了自然距离,引起了人们对旅游、对见大世面的视觉快乐的新的重视,而且新艺术的各种技巧(主要是电影、电视和现代绘画)还缩小了观者与视觉经验之间的心理和审美距离。立体主义强调同步性,即强化感情的直接性并把观众拉入行动而不是让他们观照经验,这也是电影的基本原则。电影利用蒙太奇(可解释为用有意涵的时空人为地拼贴剪辑手法。最早被延伸到电影艺术中,后来逐渐在视觉艺术等衍生领域被广为运用)的手法,在"调节"感情方面比其他任何当代艺术都走得更远。因为它刻意地选择形象,变更视觉角度,并控制镜头长度和构图的"共鸣性"。现代性的主要特征就是按照新奇、轰动、同步、冲击来组织社会审美反应,因而在视觉艺术中找到了主要的表现形式。

现代美学如此突出地变成了一种视觉美学,以致连水坝、桥梁、地下仓库和道路格式、建筑与环境的生态学关系,都成了与美学有关的问题。组织空间,不管是在现代绘画、建筑还是在雕塑中,都已成为 20 世纪中叶文化的基本美学问题,就像时间问题(在柏格森、普鲁斯特和乔伊斯的作品中)是 20 世纪最初 10 年至 20 年主要的美学问题一样。由于集中于空间和形式,现代文化的活动在建筑、绘画和电影中表现得最为充分。在 20 世纪中叶,这些都是重要的艺术,它们的观点也是时代重要的观点。

由此可知,当代文化正在变成一种视觉文化,而不是一种印刷文化,这是千真万确的事实。这一变革的根源与其说是作为大众传播媒介的电影和电视,不如说是人们在 19 世纪中叶开始经历的那种地理和社会的流动以及应运而生的一种新美学。乡村和住宅的封闭空间开始让位于旅游,让位于速度刺激(由铁路产生的)，让位于散步场所、海滨与广场的快乐以及雷诺阿、马奈、修拉和其他印象主义和后印象主义画家的作品出色地描绘过的日常生活的类似经验。

马歇尔·麦克卢汉对“热”“冷”两种传播媒介进行了区分，他关于电视创造的“全球村”(由麦克卢汉在《理解媒介》一书中提出，指人们的交往方式以及人的社会和文化形态的重大变化。即“重新村落化”消解城市的集权，使人在交往方式上重新回到个人对个人的交往)的概念，除了在微不足道的水准上讲，似乎并没有多大意义。然而，在形成知识的印刷和视觉的相对比重中却存在着对一种文化的聚合力的真正严重的后果。印刷媒介在理解一场辩论或思考一个形象时允许自己调整速度、允许对话，印刷不但强调认识性和象征性的东西，更重要的是强调概念思维的必要方式。视觉媒介(在这里指的是电影和电视)则把它们的速度强加给观众。由于强调形象而不是强调词语，视觉媒介引起的不是概念化而是戏剧化。电视新闻在强调灾难和人类悲剧时，引起的不是净化和理解，而是滥情和怜悯，即很快的被耗费感和一种假冒身临其境的虚假仪式。由于这种方式不可避免地是一种过头的戏剧化方式，观众反应很快，不是变得矫揉造作就是厌倦。戏剧艺术和绘画齐头并进，表现震惊状态，探索极端情景。最近，由于观念已经分化，电影也同样如此。电视作为媒介中最“公开”的，也有它的局限。然而，整个视觉文化因为比印刷文化更能迎合文化大众所具有的现代主义的冲动，它本身从文化意义上说就枯竭得更快。

二、杰姆逊的媒介资本主义理论

杰姆逊在晚期资本主义理论的基础上，对资本主义的发展作了总体性描绘。他认为，这一阶段的资本主义发展有几个值得注意的特征：第一，技术在社会中的作用得到了长足的发展，这使得技术在社会中的功能发生了巨大的变化，特别是大众传播媒介和信息技术的发展已经导致了社会的深刻变迁。第二，政治环境在变化：这一方面体现为比垄断资本主义时期的商业企业规模大得多的跨国资本主义已经形成，资本的国际流动成为第三阶段的重要特征；另一方面，民族国家的独立和发展形成了与发达国家相抗衡的局面。在第二阶段，资本主义对世界的殖民化是通过外在的暴力和客观的方式实现的，而在第三阶段，则体现为一种隐蔽的、深刻的渗透。后现代的经验不是一个本地的地区性经验，而是一种复杂的全球化体验，因为后现代是资本主义全球化扩张的产物。它既不同于第一阶段的国内市场的形成，也有别于第二阶段的帝国主义体系的结构，这是构成后现代文化空间的一个重要原因。第三，资本主义的第三阶段进入了一个消费者社会，正像波德里亚所指出的那样，生产社会让位于消费的社会，商品交换的逻辑已经渗透在社会文化的各个方面，这是波德里亚所谓的文化和经济、艺术和非艺术界限的“断裂”。关于资本主义的第三阶段，有各种各样的名称，如晚期资本主义、媒介资本主义、后工业化资本主义、多国化的资本主义等。后现代主义就是在这一阶段出现的，正如垄断资本带来了现代主义一样。

在此基础上，杰姆逊对后现代文化作了极其丰富的描绘，他在不同的著作中概括地描述了后现代主义文化的基本特征。1984 年，他在其引起较大反响的《后现代主义，或晚期资本主义的文化逻辑》一文中，对后现代的特征进行了概括：新的无深度感，它在当代“理论”和一个全新的形象文化或幻像文化中得到了延续，随之而产生的历史感的衰弱，不仅是指我们与公众历史的关系，而且关乎我们个人的时间感的新形式，这种时间感的“精神分裂症”结构（拉康的说法）将决定时间型艺术[①]的一种全新的感情基调，我们称之为“紧张感”。我们最好把它作为向更为古老的崇高感的回归来把握，所有这一切与一种全新的技术性的深刻构成关系，这种技术本身就是全新的世界经济体系的一个形象。

以上初步描绘了杰姆逊所讨论的资本主义理论的框架和历史脉络。值得注意的是，杰姆逊在讨论资本主义不同阶段的生产方式时，创造了一个“文化生产方式”的概念，他并不局限于马克思主义的经典表述，而是采取一种开放的立场，即吸收现代理论中一切有用的成分来丰富马克思主义。在这方面，他对资本主义生产方式进行马克思主义的划分时，把结构主义、符号学、后结构主义、传播理论以及社会学的许多历史形态学理论都融入了其中，因此形成了一个丰

① 依据不同的标准，艺术有多种分类方式，空间型和时间型艺术是一个被普遍接受的艺术类型划分方式。比如，建筑、雕塑艺术等以空间和体量为操控对象的艺术是空间型艺术，而音乐、电影等以时间的操控为主要手段的艺术形式则是时间型艺术。

富而又复杂的分析系统。

三、从深度的时间模式转向平面的空间模式

杰姆逊在讨论现代主义向后现代主义转变时,使用最频繁的总体概念就是"深度与平面的对立"。他在对两种文化的分析中发现,现代主义本质上是一种时间性的模式,而后现代主义则是一种空间性的模式,从时间向空间的转变导致了深度的消失。他在与斯蒂芬森的谈话中说道:"我是依据某种深度的消失来描述这一现象的,我有意以一种含混的方式来使用深度这一概念。即是说:我所表示的不只是视觉深度,这在现代主义绘画中已出现。而且要表明一种解释的深度,即一种对迷惑的思想,因为客体的奥秘已由于解释而昭然若揭。同理,由于解释深度的观念是艺术中的后现代主义和当代理论之关系的次要课题,所以,我想努力揭示这种情况是如何伴随着新的概念化而发展的,这种概念不再包括深度的哲学概念,即不包括人们依据基本现实来解释这一现象的各种解释学,哲学是无法转译的。最后,通常被称之为历史意识和过去感的那种历史性和历史深度也消失殆尽,简而言之,即后现代主义落入这个世界并再次变成了装饰;视觉深度与解释体系一并消失了,某种特别的事物出现在历史时间中。"①

这段话较为清晰地说明了杰姆逊关于深度概念的想法,至少有以下几种含义:首先,深度是指文化现象自身的一种状态,即艺术作品构成的样态,如现代主义绘画或诗歌所追求的某种绝对和历史意识等。他特别提到像乔伊斯的《尤利西斯》、艾略特的《荒原》等现代主义的典型代表作,其中深蕴着一种对绝对的探求和对时间与过去的历史追忆,这就构成了一种内在的深度感或深度意识,它和现代主义时期的艺术的总体倾向是一致的,它和启蒙运动以来对普遍性的追求相吻合。向后现代主义转变的一个重要标志就是这种深度的消失,即时间的历史感被挤压到平面中。他写道:"过去意识既表现在历史中,也表现在个人身上,在历史那里就是传统,在个人身上就表现为记忆。现代主义的倾向是同

① 〔美〕杰姆逊:《后现代主义与文化理论》,唐小兵译,北京大学出版社 1997 年版,第 199 页。

时探讨关于历史传统和个人记忆这两个方面。在后现代主义中，关于过去的这种历史感消失了，我们只存在于现时，没有历史；我只是一堆文本、档案，记录的是确已不存在的事件或时代，留下来的只是一些纸、文件袋。”[①]在沃霍尔的绘画作品中，在凯奇的音乐作品中，在文杜里所宣扬的建筑中，人们再也不会看到现代主义纪念碑式的时间和历史意识，剩下的只有装饰性的平面化。其次，杰姆逊强调，与现代主义艺术的深度模式相一致的是各种深度解释模式，或者说是深度观念。按照他的看法，现代主义的深度解释模式至少有黑格尔、马克思的辩证法、弗洛伊德的精神分析以及存在主义和符号学。这四种模式都涉及对意义的解释和探寻，而德里达、福科、巴尔特的后结构主义，利奥塔、波德里亚的后现代主义，则都是对意义解释模式的抨击和消解。因为在这样的模式中，意义的问题已经不存在，或者说已经不再有任何意义。杰姆逊把美学女学者桑塔格轰动一时的《反对解释》视为这种消解深度解释模式观念的代表，即不需要解释，只需要体验和刺激的新鲜经验。

如果说现代主义是一种时间的深度模式，那么后现代主义则是一种空间的平面模式。在这方面，杰姆逊对后现代主义的空间分析是非常精彩和独到的。他发现，在现代主义的时间(历史)—空间形态中，人们具有很明确的位置感和认同感。比如，库布西埃现代主义的乌托邦理想，就是改变古典时代的“病态空间”，他的口号是“通过改造来改造社会生活”，强调空间的不同用途和形态，关注空间的个性和功能。但在向后现代主义的(无时间)的空间转变时，现代主义的历史空间被削平了，一种流行主义、装饰主义和混杂主义蔓延开来。正如林奇所言，在后现代的城市中，人们失去了位置感和方向感。杰姆逊进一步发展了这一思想，他把后现代的空间理解为一个缺乏距离的空间，不存在任何“阿基米德点”。

资本主义在全球的新扩张，跨国公司和资本的国际扩张，造就了一个多国或晚期资本主义的“世界体系”的新空间。一方面，他注意到这样的空间实际上是资本主义(特别是消费社会)意识形态的一次全球扩张，对第三世界国家的本土文化造成了极大的威胁，同时导致了人们面对超越本土文化疆界的全球文化

---

① 〔美〕杰姆逊：《后现代主义与文化理论》，唐小兵译，北京大学出版社1997年版，第203页。

空间的一种“无能感”和混乱；另一方面，他发现这个过程唤起了第三世界国家文化对自己民族身份的自觉和反思，他甚至坚信在这个过程中，将会出现新的“集体主体”和“国际无产阶级”。正是在这个基础上，他提议应该建立一种针对新的文化空间的“认知制图学”。

四、从中心化的自我焦虑转向非中心化的主体零散化

在关于现代性和后现代性的讨论中，西方学术界较为普遍的共识是现代主义文化是一个主体性实践，而后现代文化则是一个非中心化的过程。杰姆逊显然接受并发扬了这个思想。他认为现代主义艺术是自我—主体处于工业化、都市化和技术渗透的文化情境中的必然反应，其结论是：现代主义是关于焦虑的艺术，包含了各种剧烈的感情、焦虑、孤独、无法言语的绝望等。导致这种状态的因素是多方面的：首先是工业化和都市化所形成的时代病症——苦恼，正如法国社会学家杜克海姆所说的，大批人口拥挤在城市里，传统的集体感消失，异化感、孤独感和焦虑感应运而生。这种体验最典型地体现在挪威画家蒙克的《呐喊》之中。这是一个“焦虑的时代”（奥登语）。很多艺术家都痛苦地体验了焦虑这一情绪，这种痛苦的体验不仅表现在他们的作品中，也反映在他们的生活里。如荷尔德林、尼采后来都精神失常了，这象征地说明了这一情形的破坏性和灾难性。

焦虑不仅体现为孤独与异化感，而且也体现在艺术家对技术的恐惧上。杰姆逊用英国批评家波格的理论说明了立体主义绘画兴衰的内在逻辑。这一奇特的画派起源于对技术和机械的世界的幻想和乌托邦式的赞美，然而第一次世界大战的爆发，工业化和科学技术在战争中的运用，使得艺术家对技术的崇拜和热望陡然消失，取而代之的是一种对技术的恐惧和焦虑。更进一步地说，技术发展不但造成了社会问题，同时也给艺术家自身的表达带来了严重的压抑和威胁，这使得现代主义文化必然走上一条追求天才和个性风格的道路。杰姆逊对现代主义文化的这种分析，得出了一个在他的基本判断基础之上的结论，那就是在现代主义文化中，主体和自我是完整的、中心化的，具有强烈的自我和历史感，但这时他们已经受到了社会进程和技术工具理性的压抑和控制。于是，

图 8-2　蒙克的《呐喊》

焦虑就是对这一现状的一种反应，是一种自我意识和反思的产物，一种极力超越的乌托邦精神。如果顺着这一思路来理解现代主义，就可以体会现代主义艺术为什么会走到这样一条道路上来，并对传统的古典艺术采取对抗的态度。

如果说现代主义文化是一种主体中心化受到威胁并极力反抗的文化，那么在杰姆逊看来，在后现代条件下文化表现为主体非中心化和零散化。这种分析还有其他的类似说法：巴尔特宣判了"作者之死"；福科以"作者—功能"来取代主体自身；利奥塔则宣称解放的英雄和启蒙的英雄已经消失，只有特殊领域的专家存在。杰姆逊具体论述道："在当代理论中，一个很重要的话题就是所谓'主体的非中心化'，这是自我对个人主义的抨击。人们认为也许从来没有存在过什么'中心化的主体'，也没有过个人主义的自我……事物发生了变化，我们不再处于那样一个仍然存在着'个人'的社会。我们都不是个人了，而是里斯曼所谓有着'他人引导'的人群。只有在你是一个封闭的自我时，我才可能感觉到孤独、隔绝。"[①]

① 〔美〕杰姆逊：《后现代主义与文化理论》，唐小兵译，北京大学出版社 1997 年版，第 232 页。

在后现代主义时代，人们也面临着一种具有同样的破坏力，而且同样具有灾难性的感情，社会也有后现代主义的悲剧人物，但也许和“焦虑的时代”的悲剧人物有所不同。从20世纪60年代以来，人们遇到的似乎不再是这种以自我毁灭告终的“神圣的疯狂”，而是另外一种形式，美国人称之为“耗尽”，连续的工作使体力消耗得干干净净，人完全垮了。这在现代是具有同样的消极意义的经验，但这已不再是焦虑。在焦虑中，人仍然保持着自我的完整，也就是说知道自己该做什么。而在后现代主义的“耗尽”(或者用吸毒者的语言：在“幻觉旅行”)中，人体验的是一个变形的外部世界，人并没有自己的存在。也就是说，人是一个非中心化的主体。这和焦虑中的体验是不一样的，这种噩梦和现代主义的噩梦是不一样的。现代主义和后现代主义各有自己的病状：如果说现代主义时代的病状是彻底的孤立、孤独，是苦恼、疯狂和这种种情绪会爆发出来的话，那么后现代主义的病状则是“零散化”，已经没有一个自我的存在了。

这段话清楚地比较了现代主义和后现代主义的根本差异，“零散化”是主体非中心化的必然产物。当个体、自我和主体消失时，人们面对的自然是一个缺乏焦虑的时代，于是奢谈天才、创造性和个性风格便是毫无意义的了。这就必然导致下面要谈到的一个差异。

五、媒介传播带来的非真实化、形象文化、广告文化

电视的出现给信息带来了一个很奇怪的变化。当一个人在看电影或读报纸的时候，他看到一个视觉形象，如关于某一件事的一张照片，那么这一事件仍然表现出一种“他性”，即这一事件的他性。比如他看到一张关于中欧某地的大屠杀的照片，他依然有一个感觉，就是这一切仍然发生在外界，仍然是他性的，和他没有直接联系。如此，这一信息就仍然保留了某种客观性，可一旦到了电视屏幕上，这一信息便失去了他性，因为电视是家庭的一部分，就像汽车或洗衣机一样，是属于个人的。电视是属于家庭的东西，而报纸或新闻纪录片仍然是外部的，是关于遥远的另一现实的，报纸、电影上出现的形象是不在眼前的东西。电视却不一样，电视安放在自家的客厅，它加入了他的生活，它上面出现的形象也可以说就是属于他的。在电视这一媒介中，所有其他媒介中所含有的与

另一现实的距离感完全消失了。这是一个很奇特的过程，但这一过程可以说正是后现代主义的全部精粹。后现代主义的全部特征就是距离的消失。

“形象”一词便和这一过程有关。“形象”这一问题就是以复制与现实的关系为中心、以这种距离感为中心的。“形象”这个东西是很危险的，萨特就认为它是一种不好的否定性，不是好的主动改变事物的否定性，而是很隐秘地感染毒化现实的方法。这一点正好说明了摄影、电影和绘画作用的不同。一个人看着一幅绘画，他会说这并不是现实，这只不过是一幅艺术品，而在摄影作品面前他却不能这样说。如果意识到相片上的形象就是现实，他就无法否认现实就是这个样子。距离感正是由于摄影形象和电影的出现而逐渐消失的，下面将解释非真实化的过程。

人们普遍认为电影是 20 世纪的艺术，最基本的理由就是电影不属于人的创作，而是摄影机的作品；摄影机是机器，电影和相片都是机器的作品，发生的是一个非人化的过程。同时，拍电影是一个集体过程，而不再是个人的私事，因此个人天才的作用也就相应地降低，在这样一个过程中逐渐失去其重要性。这里仍然可以用里斯曼的理论来解释，内在引导的人就是一些天才、实业家，而电影却是个外在引导的过程，不需要个人的天才，只需要有效的组织化的人。民间故事的时代是一个集体化的时代，因为讲故事需要被听众围着，而手里捧着一本小说阅读则是典型的个人主义时代的表现，因为那时只能独自地阅读。电影时代到来之后，一般来说人们又必须聚集到一起了。而到了录像时代呢？很明显，人们又重新回到了家里，但这种个人主义已不同于旧式的个人主义，而且录像的出现还带来了另一个核心问题，那就是机械化的复制。关于这一点，瓦尔特·本杰明，甚至波德莱尔都有过极为精辟的论述。本杰明认为，当艺术作品可以复制时，有些东西便发生了变化。当没有个人的笔法风格可言时，便也就没有了个人的表达，而且复制的可能性使真正的原作不复存在。例如电影，很难说一部电影的原版是什么，谁也没有看到过。电影的一个重要特征就是可以由机器来无穷复制。反光、复制并不是一种自然现象，而是需要很高的技术水平的，也就是说是和新型的技术相联系的。

后现代文化正具有这种特色，形象、照片、摄影的复制、机械性的复制以及商品的复制和大规模生产，所有这一切都是类像。所以人们的世界至少从文化上来说是没有任何现实感的，因为人们无法确定现实从哪里开始、在哪里结束。正是在此，有着后现代主义理论中最核心的道德、心理和政治的批判力量。这一理论必须探讨的不仅是艺术作品的非真实化、事物的非真实化，而且还包括可复制的形象对社会和世界的非真实化。最终，这一理论必须讨论类像的巨大作用力。在各种各样的文化表现中，人们都可以找到这一现象。在美国等西方社会，科幻小说是很成熟的一种文学体裁。科学幻想中有两类假人：一类是机器人，人们一眼就可以看出它们是机器的，很呆板，没有感情；另外一类是仿生人，它的生产结合了工业、生物学等特征，它们看来和真人一样，大脑一样发达，而且也有感情，根本无法与人类区别开来。这样，一些科幻作品里便出现了仿生人带来的恐怖，它们有着极其可怕而且残酷的力量，而人类努力的方向就是要消灭它们。机器人可以帮助人类，而仿生人却是危险的，因为它们破坏了现实感。

可以换一个角度来讨论这个问题：就商品的生产围绕着商品形式进行讨论。马克思说过，资本主义无情地破坏了一切神圣的东西以及关于过去的幻觉，冷酷地把一切都变成了物质和商品。在这个资本统治的世界里，一切都变得明确化，都可以测度，没有任何超越的东西，也没有什么价值。但突然之间，神圣的东西又重新出现了，改头换面变成了物神。这是什么意思呢？首先，商品并不是纯物质的对象，商品中有些观念性的东西，但商品并不是精神性的，因为它并不是一种思想。当人们消费商品的时候，他们不光是在“使用”对象。用萨特的话来说，他们同时也买进了一个观念，而且对这个观念进行了奇怪的处理。究竟什么是商品消费欲望呢？很明显，在商品社会里，商品消费欲望是具有传染性的，消费者是从来不会满足的。既然商品并不完全是物质性的，商品消费就和精神状态有关系。例如，食欲和性欲就不完全是属于肉体的，它们还有某些精神的因素，商品也并不是完全依靠其物质性使人满足的。在垄断资本主义阶段，产品都是成批地生产，而且都大同小异。例如有五家香烟公司，生产的香烟基本上都一样，生产技术也处于同一水平，那么怎么才能推销掉这些大同小异的香烟呢？于是人们给不同的香烟不同的形象，然后说服消费者相信各种香烟的味道都是独特的。他们会说万宝路抽起来不同于云斯顿，虽然两种烟的味道实际上是一样的。这使消费者相信抽万宝路香烟能和西部的风光、马背上的好汉、辽阔的空间等联系在一起，这样就产生了一种不同的精神商品、不同的物神。如果那些做广告的人不能想出与众不同的形象，使这种产品区别于其他的商品，那么他们就算失败了。这种精神性的内容是随着商品竞争的出现而出现的。

随着 20 世纪 40 年代媒介在技术上的大突破、电视的普及、电影与广告的结合以及摄影技术的发展，空间范围大大地缩小了，任何广告都可以通过形象迅速准确地传遍欧美大陆。因此，形象的出现和普及必然影响到人们的生活。人们都开始对这些充斥生活的东西进行新的分析，人们在探索这种广告形象是如何起作用的，广告符号学于是应运而生。最基本的一本著作是罗兰·巴尔特的《神话学》，这是一本很重要的书。后来在英国也出现了一本书——朱迪丝·威廉逊的《解译广告》，这是新出现的一种崭新的研究领域，十分具有发展潜力。它与文化研究密切相关，当然社会学家也可以进行这方面的研究。

这类研究的方法之一是与精神分析法相关联的。如果要使形象起作用，在消费者那里就必须激起欲望，同时，广告形象必须与这个欲望相吻合。但广告又不能只对直接的欲望说话。不是说这会儿正好没有烟抽，看见了一则香烟广告便跑过去买包烟，广告不是这样起作用的。广告的作用在于，当看到万宝路广告之后，“这个人”就决定要买一包万宝路，也就是说广告必须作用于更深的欲望，甚至是无意识的需要，有些还和性欲有关。某些饮料广告便有这个特色，宣传说只要喝这种饮料，就会有妙龄女郎依偎，而且会感到生活极其美好，充满浪漫色彩诸如此类的夸张。直接的欲望和深层的无意识的需求都得到了满足，消费者可以梦想一个妙龄女郎，甚至可以幻想其全部生活都发生了改观，四周都是美人，有充足的时间，无忧无虑，也就是说世界上所有的一切都在这种乌托邦式的状态下改变了、变形了。这些广告正是在悄无声息地告诉受众，难道你所渴望的不正是这种对世界的乌托邦式的改造吗？如果是这样，为什么不用我们的产品呢？虽然我们不能许诺任何东西，但这些产品起码都含有改变精神状态的成分。在这种无意识的欲望中，最强烈、最古老的愿望仍然是集体性的，例如，永久的青春、自由和幸福等。这表明这种欲望是集体性的同时，它还幻想着对整个世界的改变。正是这些广告告诉人们，什么是人们无意识的欲望，它知道人们对一个乌托邦式的社会有什么样的设想。

这些理论有一部分来自法兰克福学派，特别是布洛赫的“希望”原则。他从所谓“乌托邦式冲动”或“乌托邦式欲望”的角度来解释这一切事物，认为在一切欲望和激情下面，总有着改变世界的欲望。广告商正是最好地表现了这一点。必须记住，这些人都是些了不起的艺术家，而广告艺术的发展也是多样化的，完全可以和文艺复兴时期的艺术、19 世纪的小说相媲美。这些人天赋极高，但他们的才能最终要受商业性的目的制约，而广告所表现的任何欲望也都最终要被扭曲。因为如果真正有改变世界的欲望，就必须进行革命，而广告最终导致的只是商业性目的。真正的革命不能在“想象界”里进行，广告正是把那些最深层的欲望通过形象引入到了消费中去。

商品物化的最后阶段是形象，商品拜物教的最后形态是将物转化为物的形象。人们竭力想描绘的这个过程就是事物变成事物之形象的过程，之后事物仿佛不存在了，这一整个过程就是现实感的消失，或者说指涉物的消失。

思考与研讨题

1. 如何理解杰姆逊的“视觉美学”？
2. 请谈谈杰姆逊的资本主义观点。
3. 什么是杰姆逊的“深度的时间模式转向平面的空间模式”？
4. 媒介文化会带来非真实化吗？
5. 杰姆逊认为后现代媒介文化有哪些特征？

第九章　接受美学与参与互动的传播

本章要点

以姚斯和伊塞尔为代表的康斯坦茨学派的崛起，确立了以读者为中心的美学理论，实现了文学研究方向的根本转变，学者们开始关注文本的读者参与交流和社会接受效果问题。而接受理论运用到电视理论中后，则带来了从传者中心到以观众为中心的转变，并产生了使用与满足的传播学理论。大众传播媒介是更具影响的文本，更应注重接受效果和参与互动。尤其在互联网及新兴媒体的兴起的当下，媒介传播完全实现了双向互动，受众不再只是被动的接受者，而且也成了传播者、生产者、参与者、表演者。大众传播更注重接受者的体验、参与和审美经验。

接受美学指出，接受者是一种创造力量、生产力量。媒介文化的传播力源自大众的互动参与性。微博时代的到来意味着人人都可以成为媒体，人人都可以成为信息的传播者和创造者，互动参与性更直接、简单、便捷。

可以说，接受美学理论是新兴媒体时代的先声，它预告了“读者”“受众”的创造力和参与的传播影响力，“草根文化”的兴起证明了接受美学指向的正确性：开放的文本、互动参与性、接受者的创造力，以及接受者的审美经验、体验的重要性。

在20世纪的西方美学中，解释学[①]和接受美学是最具影响力的。这一学派注重读者对文本的理解、解释和接受。对于电视文化来说，就是强调电视观众对电视节目的接受和参与。一个电视节目应以观众的接受为出发点，首先要考虑节目的定位，即节目是给哪些观众群看的？他们的需求是什么？节目怎么做才能让观众满意、让观众接受？怎么让观众积极地参与节目、参与理解、参与解释、参与交流、参与行动并达到最佳效果？

一、视界融合

1960年，加达默尔《真理与方法》的出版标志着哲学解释学作为后现代思想的初级阶段正式登上当代哲学论坛。同时，这部里程碑式的著作在为加达默尔奠定一生研究主导方向的同时，也为他带来了巨大的声誉。

图9-1 加达默尔(1900—2002)

加达默尔要求解释学具有普遍性，在他看来，理解的能力是人的一项基本限定，人正是凭借对彼此的理解才能生活在一起，这种限定首先在言语和对话的共同性中得以实现。也就是说，人们的说、写和交往甚至潜意识活动和内心独白，都是在寻求理解或自我理解。因为渗透于对话中的语言和理解超越对话中任何一方的理解而扩展着已表达的和未表达的无限可能的关联域。解释的普遍性从一般意义的某种特殊经验开始。就美学经验而言，人们发现它自身永远不能由概念确定的形式加以彻底终结，在时间之维中，它永远敞开着对待你的期望；就历史经验而言，“我们处在历史的变化之中，不知目前发生些什么，只是事后才把握了发生了些什么。这就是历史永远要被每一个新的现在重写的缘故”[②]。

哲学解释学的出发点是反对一般解释学和以贝蒂为代表的现代“解释学理

① 关于文本解释的理论，尤其是解释《圣经》等宗教经文、经书典籍、哲学文献。

② 〔德〕加达默尔：《哲学解释学》，夏镇平、宋建平译，上海译文出版社1994年版，第38页。

论”学派所坚持的客观主义立场。加达默尔强调理解的历史性，认为历史性是人类生存的基本事实，人总是历史地存在着，因而有其无法消除的历史特殊性和历史局限性，无论是认识主体还是对象都内在地嵌于历史性之中，真正的理解不是去克服历史的局限，而是去正确地评价和适应它。从这个意义上讲，对文本的理解也是历史性的。

理解的历史性包含三方面的因素：其一，在理解之前已存在的社会历史因素；其二，理解对象的意义构成；其三，由社会实践决定的价值观。在加达默尔看来，理解的历史性构成了人们的偏见。所谓偏见，指理解过程中人无法根据某种特殊的客观立场，超越历史时空的现实境遇去对文本加以“客观”的理解。加达默尔认为，问题并不在于抛弃偏见，而是必须将促进理解的正确偏见（合法的偏见）和歪曲理解的错误偏见加以区别，因为合法的偏见是进行理解的前提和出发点，为解释者提供了视界，使过去和现在交织融合。

显然，加达默尔的偏见源于海德格尔理解的前结构观点。这就表明，没有偏见，没有理解的前结构，理解就不可能发生。偏见是一种积极的因素，它是在历史和传统中形成的。传统是先于人们，使人们不得不接受的东西。传统总是在历史变化中有选择地保存，因此，人们与传统之间总有一种无法割裂的关系。不仅人们始终处在传统之中，而且传统也是人们的一部分。没有超出传统之外的理解者，也没有与传统无涉的文本，人与文本都处在世界之内，处在传统之中。因此“理解是把自身置身于传统的进程中，在这一过程中过去和现在不断融合”[①]。然而，理解不仅以偏见为基础，同时在理解的过程中，又会不断地产生新的偏见。也就是说，传统决定人；同时，人也决定传统。

偏见构成了解释者的特殊视界，而“视界属于视力范围，它包括从一个特殊的观点所能见到的一切”。视界指人的前判断，即对意义和真理的预期。视界具有敞开运动的特点，人的前判断产生了变化，视界也会产生变化；反之亦然。人类生活的历史运动在于如下事实，即它绝不会完全被任何一种观点束缚，因此绝不可能有所谓真正封闭的视界。视界是人们悠游其间而又随人们的运动

---

① 〔德〕加达默尔：《哲学解释学》，夏镇平、宋建平译，上海译文出版社 1994 年版，第 112 页。

而移动的东西。加达默尔认为，理解者与他所要理解的对象都各自具有自己的视界。文本总是含有作者原初的视界（亦称“初始的视界”），而去对文本进行理解的人，具有在现今的具体时代氛围中形成的视界（亦称“现今的视界”）。蕴含于文本的作者的原初视界与对文本进行解读的理解者的“现今的视界”之间存在着各种差距，这种由时间间距和历史情景变化而引起的差距是任何理解者都不可能消除的。加达默尔主张在理解过程中将两种“视界”交融在一起，达到“视界融合”，从而使理解者和理解对象都超越原来的视界，达到一个全新的视界。这个更高、更优越的新视界既包含了文本和理解者的视界，又超越了这两个视界，从而给新的经验和新的理解提供了可能性。可以说，任何视界都是流动生成的，任何理解都是一个敞开的过程，是一种历史的参与和对自己视界的超越。

理解者的理解对象都是历史的存在，文本的意义是和理解者一起处于不断形成的过程之中，加达默尔将这种过程的历史称为“效果历史”。他说：“真正的历史对象不是一个客体，而是自身和他者的统一，是一种关系。在这种关系中，同时存在着历史的真实和历史理解的真实。一种正当的解释学必须在理解本身中显示历史的真实。因此，我就把所需要的这样一种历史叫做‘效果历史’。理解本质上是一种效果历史的关系。”①

在加达默尔看来，理解意味着对自己不熟悉之物的理解，以通过解释活动去消解理解者与理解对象之间的陌生性和疏远性，克服由于时间间距和历史情景造成的差距。

二、解释学是“经验”的一个对话模式

然而，理解始终是在历史之内进行的，历史是由人们来“经历”的，在理解中人们始终是历史的一部分。因此，加达默尔既不同意历史客观主义的看法，即所谓将历史看作可以借助解释者重新复制的东西，也不同意黑格尔、狄泰尔的历史主观主义态度。加达默尔坚持认为，历史既非客观的对象，也非绝对精神

① 〔德〕加达默尔：《哲学解释学》，夏镇平、宋建平译，上海译文出版社 1994 年版，第 112 页。

或生命的体验。相反，历史绝不重复过去的东西，它是可能性与现实性、过去与现在的统一，是一个不断创新的过程。

历史的内部结构不仅要求它具有解释者理解的解释学情景和自身独特的视界，以对传统进行开放，而且还重视理解者与文本之间的对话关系。伽达默尔认为，解释学经验具有一个对话模式，理解就是一个对话事件。对话使问题得以揭示、敞开，使新的理解成为可能，对话具有一种问答逻辑形式。加达默尔说："传统不仅仅是我们学习认识和体验把握的过程，它是一种语言。它像一个'你'——要表达自己。这个'你'不是一个客体，而是处于同我们的关系之中。"[①]文本是一个"准主体"，只有破除了那种生硬的主客体之间的认识关系，代之以我与你（主体与主体）之间的平等对话和问答关系，人们才能倾听对方所说的话。这样，文本好像在不断地向理解者提出一个又一个问题。通过这种互相问答的过程，理解者也不断超越了自己的视界。加达默尔说理解一个问题意味着问这个问题，理解一个观点就是把它理解为一个问题的答案。毫无疑问，在问与答的对话过程中，文本向理解者敞开。它向人们言说，而理解为理解他人和理解自己。又必须使文本说话，问题问得越多，文本也说得越多。一个答案意味着又一个新问题的产生，文本意义的可能性是无限的。

三、一切历史都是现代史

人类通过与文本的"解释学相遇"来达到理解的真实，而效果历史代表了进行积极和创新理解的可能性。解释者在效果历史中发现自身的情境，他必须在这种情境中凭继承传统而来的偏见去理解和追问传统，因为预期一个答案就假定了提问的人是传统的一部分，并将自己看作它的听众，这就是效果历史的真理。也就是说，对历史的任何认识都是以效果历史的结果为指导的，因为效果历史先在地决定了什么是值得去认识的。毋庸讳言，人类在不断理解中超越自身，人类在不断更新着、发展着的"效果历史"中，始终不断地重新书写自己的历史，重新对自己和文化进行反思的批判。

---

① 〔德〕加达默尔：《哲学解释学》，夏镇平、宋建平译，上海译文出版社 1994 年版，第 112 页。

随着新解释学的勃兴和现象学美学的新发展以及哈贝马斯的交流理论[①]的提出，人们愈来愈注意到单纯的作品文本研究与单纯的作家心灵研究都具有明显的片面性，它们都仅仅抓住了文学总体活动中的一个维度，将文学活动这一动态连续过程（作家、作品、读者）分割成静态封闭、互不关联的领域，忽视了人的交流和文学社会接受效果问题。人们愈加迫切地感受到必须重视文学接受和影响的研究，必须打破文本中心论这样一种僵硬的研究格局。

以姚斯和伊塞尔为代表的康斯坦茨学派迅速崛起，他们向作品内部研究的沸沸扬扬的美学思潮提出挑战，对文本中心论进行反驳，确立了以读者为中心的美学理论，实现了文学研究方向的根本变化。在姚斯等人看来，文学作品并不是为了让语言学家去解析才创造出来的，文学作品必须诉诸历史的理解。接受美学正是在反对纯文本指导下形成的，并根据新的历史主义要求，站出来与唯文本主义争辩。对此，姚斯有一个很好的说明："文学研究朝接受美学和效果美学的转向的开端，是我的《文学史作为向文学理论的挑战》(1967)和沃尔夫冈·伊塞尔的《文本的召唤结构》(1970)……在我看来，不是完美的语言结构，亦不是封闭的符号系统，也不是形式主义的描写模式这类方法，而是依靠问与答进行解释，使创作与接受以及作者、作品、读者的动态过程合理化的历史学才能使文学研究翻新，才会把文学研究从淤埋在实证主义的文学史的泥坑中解救出来，才能把文学研究从为解释而解释，或为'写作'的形而上学而解释的死胡同中引导出来。"[②]

受《真理与方法》的影响，1967 年姚斯发表了接受美学的重要论文《文学史作为向文学理论的挑战》，对现代美学理论加以"清算"，使重对客体的思维向度进一步转向重主体经验的理解和解释之维，从而将研究重心从新批评、结构主义和现象学作品本体论，注重作品存在转向读者审美经验的解释接受。

四、文化传播的影响力源于大众性的参与互动

姚斯对文学研究提出的文学史问题的挑战，主要目的是力图消除文学与历

① 即沟通行动理论，沟通行动是人们相互之间的一种运用语言进行沟通的行动，是使用语言的行动，即言语行动。

② 蒋孔阳：《二十世纪西方美学名著》，复旦大学出版社 1987 年版，第 475 页。

史之间、历史方法与美学方法之间的对立，从而革新文学史和文学理论。在他看来，过去的文学理论研究只重视作家、作品之维，而丧失了文学的接受和影响之维。而在作者—作品—读者所形成的总体关系中，读者绝不是可有可无、无关痛痒的因素。相反，从根本意义上说，文学作品恰恰是为读者而创作的，读者是文学活动的能动主体。因此，在姚斯看来，接受美学正在尝试建立自己的新的理论准则。电视人要学会将演播室转变成交流室、洽谈室。只有观众积极参与交流，才能使演播室的节目转变成敞开性的、有社会效果的节目。

文学作品的生命体现在不同时代读者对其意义的重新阐释和对话上，作品渴求读者阅读，希望与接受者对话。

在姚斯看来，艺术作品的审美价值并不是客观的，而是与读者的价值体验有着密切的关系。一部新的文学作品不可能在信息真实中以绝对新的姿态展示自身，但它却可以通过预示、暗示、特征显示，预先向读者提示出一种特殊的接受，可以唤醒读者以往阅读的记忆，将读者导入特定的体验中，并唤起他的期待。于是，读者的这种理解在阅读中被或激发、或改变、或重新定向、或实现。接受所阅读的作品并非一个直线积累过程，最初的积累会衍生出一整套的联想，这些联想将用来解释新阅读的内容，而新阅读的内容又会反过来改变最初的联想和理解。这样，接受者在阅读新东西的同时也在阅读过去的东西，既进行联想，修正原来的看法，也产生新的联想和看法；既进行预测，也进行回忆。加之每个读者的天资、经历和修养不同，作品就会对每个人呈现出不同的意义。因此，文学的历史就不是作家的作品史，而是作品的效果史。

五、新体验拓展了新的期待视野

姚斯接受了科学哲学家波普尔和社会学家卡尔·麦恩海姆所采用的"期待视野"[①]的概念，在接受美学中提出了"期待视野"的观点，以此说明读者阅读作品的主动性。如果读者在阅读中的感受与自己的期待视界一致，读者便会觉得

① 在文学阅读之先及阅读过程中，作为接受主体的读者，基于个人与社会的复杂原因，心理上往往会有既成的思维指向与观念结构，这是其据以阅读文本的既定心理图式。

作品缺乏新意和刺激而感到索然寡味。相反，如果作品的意味大出读者的意料，超出其期待视野，读者便会感到振奋，这种新体验便会丰富和拓展其新的期待视野。一部作品的期待视野允诺人们根据它对于一个预先假定的读者所发生影响的种类和等级来决定它的艺术特性。假如人们把先前的期待视野与新作品之间的不一致描绘为“审美距离”，那么新作品的接受就可以通过对熟悉经验的否定或通过把新经验提高到意识层次，造成“视野的变化”。其实，姚斯在这里指出了审美经验具有一种使人产生潜在反射审美态度的机制。个体的期待视野与其具体的阅读之间存在一个“审美距离”[①]，并不断发生变化：当接受者与艺术作品中角色之间的距离为零时，接受者完全进入角色，无法获得审美享受；相反，当这种距离增大时，期待视野对接受的引导作用趋近为零时，接受者则对作品漠然。

读者的审美接受的求新求变导致了作家创作的不断推陈出新。文学演变论表明，读者在接受活动中总是对旧形式的作品加以扬弃，对新形式作品加以激赏。但是，新作品的崛起往往以先前已完成的作品为背景，虽然成功的新作品可以达到某个文学时期的“巅峰”，但也会很快变为常态，直到具有更新的艺术形式的作品崛起，之前的“新作品”便成为明日黄花而无人问津。文学系列中的演变更替只能成为一种历史的连续性，而新旧形式的对立也能使人们认识到它们特殊的调节作用。这种调节不仅包括作品与接受者在互相作用中的意义生成，还包括读者的接受和评价，它们反过来能影响作家的创新。因此，文学接受并非是对作品的单一的复制和还原，而是一种积极的、创造性的作用。也正是由于读者的接受是对作品中蕴含的作家创作意向的检验，也正是由于读者的期待视野和判断标准会反馈到作家的创作活动中，所以作家就不可能再走司空见惯的旧路，他们只能不断地创新，以拉开与读者期待视野的距离。

对作品解读的目的不在于复原作者的最初意思，这既无可能，又无必要。相反，在接受美学看来，对作品意义的探索也是读者生命意义不断被赋予的过程。在这个意义上说，读者通过作品实现了与作者的心灵对话，作品成为一种

---

① 或“角色距离”，布劳认为审美距离指审美主体与对象在实用性、具体性方面的一种心理间隔。

潜在的引导力量，文学作品所产生的社会性方式和行为方式，生成新的生命感性和理性，对传统观念和价值标准提出疑问和挑战。阅读经验能使人们从一种日常生活的惯性、偏见和困境中解放出来。在接受活动中，艺术给予人们一种对世界的全新感觉，使他们从宗教和社会的束缚下解放出来，使他们看到尚未实现的可能性，为他们设定新的愿望、要求和目标，为他们打开未来经验之途。

六、人与文本的互动交往是人的本质的重要维度

接受美学提出，文学不是一种指向客体世界的对象性活动，而是一种相互间的交往活动。人是主体，而人所构成的文本，即人的语言在历史传统中形成的种种文化，也是相互的。人与文本是一个互为主体的关系，人要认识自己，首先得认识人类文化的文本，而人要认识文本，也得认识自身。人与文本互相解释，互相说明。姚斯认为，传统文艺理论往往把文学总体活动仅仅看成文学创作过程，将文学研究作为一种片面的对象性研究，只考察作家和作品，而忽略了读者与作品的交往活动研究。姚斯说："自黑格尔将美定义为理念的感性显现以后，美学的目标就一直指向艺术的描述功能，艺术史被看作是作者的历史，艺术的那些在生活中发挥作用的功能，只在创作方面的审美经验研究中取得了一些成就，而接受的审美经验方面成就甚少，至于交往的审美经验方面的研究可以说是一个空白。"[①]这表明，对相互间的交往研究的失落是现代文艺理论的通病。人与作为"准主体"的文本的交往是人的本质的重要维度，因为，人离开了他的文化语言的创造物就什么也不是。只有通过人的语言，文本才能了解人的本质；而作为意识关联物的文本的意义也只有通过人的解释方能生成，它只存在于人的理解意向性结构中。正是读者的解读和阐释，才打破了文本意义结构的封闭形式，使其未定点得到活生生的具体化。读者经验与文本结构，是对文学文本理解的历史性。只有这样我们才能从纯语言学的视界，转向文本历史的视界，以建立起一种作者、作品、读者的动态过程的历史学。姚斯认为："一种新型的文学理论的机会恰恰不在于克服历史主义，而在于不断地认识为艺术所特

① 蒋孔阳：《二十世纪西方美学名著》，复旦大学出版社 1987 年版，第 476 页。

有的、显示出艺术理解的历史性。人是历史的存在，人所创造的文本，也是历史的存在。文本存在于文学视野中，存在于人类历史性接受的不断交替演化过程中，不存在绝对独立的文本，也不存在超越时空、超越历史的文本，文本的意义存在于解释它的人的理解意识之中，文本是人的理解的文学效果史中永无止境的显现，而效果史和接受史都具有社会历史意义上的规定性。”[①]

艺术交往活动的本质在于，人总是通过文本与潜在地存在于文本中的作者进行“对话”，将人与文本的关系变成“我与你”的关系，变成一种心灵对话、灵魂问答的关系。姚斯说：“文学的本质是它的人际交流性质，这种性质决定了文学不能脱离其观察者而独立存在。”因此，主体（作家与读者）通过对文本而互相沟通，因为理解总是一种对话的形式，是一个在其中发生交流的语言事件。若要解释这些文本，便要与它们进入对话。因而，理解便发生在语言媒介之中。人栖身于语言之寓，并通过语言而存在。通过对文本的理解，创作活动与接受活动便不再是互不相连的两个方面，而构成了文学交往活动中不可或缺的两维。作家、作品、读者是文学交往活动过程中必不可少的因素。接受美学正是企求在文学的交往系统的环境中，去把握历史上的某种生活世界的艺术经验，并通过这种经验形式，使人们的思想、情感和认识在新的语境中得以沟通。

七、审美经验接受美学的重要特征

接受美学确立了读者的中心地位。在他们看来，创作作品既非文学活动的终点，也非文学活动的目的。相反，作品总是为读者而创作的，文学的唯一对象是读者。未被阅读的作品仅仅是一种“可能的存在”，只有在阅读过程中才能转化为“现实的存在”。姚斯指出，文学并不是一种“自在之物”，而是“为它之物”，因此，阅读活动是将作品从静态的物质符号中解放出来，还原为鲜活生命的唯一可能的途径。接受美学对电视节目也提出了一个极其重要的方向，也就是以观众为中心，观众的需求是第一位的。电视作为大众媒介，观众的需求体现为收视率。随后的交互电视将更深入地满足个人化的需求。

---

① 蒋孔阳：《二十世纪西方美学名著》，复旦大学出版社1987年版，第479页。

伊塞尔指出，读者作为作品接受的能动力量，在阅读活动中具有重要地位。而读者又包含两方面的内容：一是“现实的读者”，即从事阅读活动的具体的人。这种现实的读者由普通读者和专业读者（作家、批评家）组成；二是观念的读者，这是从现实的读者中抽取出来的抽象的读者概念。观念的读者又可以分为两类，即“作为意对的读者”和“隐在的读者”。前者指作家在创作构思时，其时空观念里存在的、为了作品理解和创作意向的现实化所必需的读者；后者则指作者在作品的文本中所设计的读者。在伊塞尔看来：“隐在的读者是指文本中预先被规定的阅读的行动性，而不是指可能存在的读者的类型。”“隐在的读者”表明，作品本身是一个召唤结构，它以其不确定性与意义的空白，使不同的读者可以在对其具体化时隐含不同的理解和解释。

姚斯声称，读者在对作品具体化的过程中，并非是完全被动的，但也非纯心理的、主观随意的。相反，理解本身便是一种积极的、建设性的行为，它包含了创造的因素。作品的意义来源于两个方面：一是作品本身；一是读者的赋予。他认为读者对意义的填充是能动的、决定性的。在阅读过程中，读者会充分调动自己的主体能动性，激活自己的想象力、直观能力、体验能力和感悟力，通过对作品符号的解码、解释，不但把创作主体所创造的艺术形象中所包含的丰富内容复现出来，并加以充分地理解、体验，而且还渗入自己的人格、气质、生命意识，重新创造具有特色的艺术形象，甚至能够对原来的艺术形象进行开拓、补充、再创，见人之所未见，言人之所不能言，体味到艺术家在创造这个艺术形象（或审美意境）时所不曾说出，甚至不曾想到的东西，深化原来并不很深刻的东西，从而使艺术形象更为丰满、鲜明。相反，那种只重视作品单方面作用的结果和一成不变的艺术形象，是一种“作品拜物教”。

读者不是铁板一块，而是千差万别的。而且，每个读者在接受活动中总是从自己的生活和文学“期待视野”出发去看待作品，即读者总是从他所受教育的水平，他所处的地位和境况，他的生活体验和经历，他的性格、气质和审美趣味，他的人生观、价值观出发去阅读作品。期待视野的不同，使不同读者对阅读对象的需求也不同。时间的流逝、体验的拓深、时代的变迁、心境的转换、对同一作品的期待视野的不同，都可以使不同读者对阅读对象的需求不同，使读者对同一作品的理解发生变化，他所领会、所赋予作品的意义和接受所赋予的意义也会随之发生很大的变化。因此，作品的意义不等于作者的“原意”，而等于作者所赋予的意义和接受者所赋予的意义的总和。甚至接受者所赋予作品的意义能“溢出”原来的意义框架，使作品显现出作者所意想不到的意义来。当然，作品的规定性和接受的能动性是辩证统一的，以一方来否定另一方将导致意义的谬误。读者的能动性无疑是值得提倡的，但正如伊塞尔所说，作品也制约着接受活动，以使其不至于脱离文本的意向而对文本作随意的理解。

姚斯的接受美学理论非常重视审美活动的研究，但他不像美学研究中对一般审美经验的研究，而是着重研究以在接受活动中所表达出的艺术经验为主的历史的审美经验。姚斯认为，审美经验根本不在于对作品原意的认识和解释，更不是对原作者的意向的重构，艺术作品的原初经验出现在作品的审美效果产生之处，在于欣赏的理解和理解的欣赏……于是文学就具有了双重任务，即从方法上区分两种接受方式：一是说明作品的效果和意义在当今读者心中具体化的实际过程，二是重构作品为各个不同时代的读者所完全不同地接受和解释的历史过程。在具体运用中，要求必须在艺术作品的经验的前历史上去衡量这一作品的当今效果，并根据效果和接受这两个主要部分来构成审美判断。

通过解释—接受理论，在做片子时要注意敞开性，留下空间，不作评价，让观众参与进来，与之进行平等的交流对话。理解是一种对话模式，对话是我与他的关系，是主体与主体的关系。做片子时，电视与观众之间不要有距离感，要变成“我和你”的关系，要接受、了解观众，把传播和观众之间的关系变成平等的对话关系，把大众传播转换成一种人际传播。凤凰卫视的《时事直通车》正是基于这一点，一改往日的播音腔调，运用口语化的交流对话，以“说新闻”的播音方式，拉近了电视与观众的距离，使之成为“我和你”的关系，观众觉得非常亲切、易于接受。要做到以观众为中心，以市场为中心，电视售货摊的话要平民化、生活化。在选材上要以平民化的视角深入群众生活，与观众沟通，“走入生活”已成为当今电视发展的主导趋势，中央电视台的《生活空间》节目以“讲述老百姓的故事”为题材，因在电视上呈现出原汁原味的生活状态而走入了千家万户。要满足观众的期待需求，超出观众的期待，就要造成心理的落差效果，要学会满足观众求新求奇的心理。做节目时，既要把观众固定下来，又要不断地变化形式，在形式上有所创新、有所突破。一个栏目的真正生命力在于创新，要刺激观众，不断求新、求异、求变化，让他们的期待视野得到意外的满足。湖南卫视的《玫瑰之约》节目，策划者在做了许多期节目后，打破以往格局，走出演播室，采取户外郊游的节目设计方式，使观众感受到了一种全新的交流方式，满足了观众的期待视野。

八、从“传者中心”向“观众中心”的转移

电视文化应定位于大众消费文化。这是因为人们所处的时代已经进入全球化的经济消费时代，而且随着科学技术的发展，出现了互联网等新媒体。如此一来，长期以“传者为中心”的媒体传播模式就应向以“受众为中心的模式”转移。这一转移以受众的需求来制作节目，因而对电视观众的需求研究以及电视节目的市场定位、策划就显得尤其重要。

“魔弹说”和“拉斯韦尔”传播模式

20 世纪 20 年代，传播学界流行一种“魔弹说”的传播模式。“魔弹说”认为传播媒介是放在传播者手里的，能像子弹一样作用在人的身上。其情形有点像打靶场，只要子弹击中靶便会应声倒下。关于这种传播模式，现在人们已经普遍放弃了，现在传播学已经有了很大的进步。鲍尔在 1964 年发表了题为《顽固的受众》一文，他在文中说：“大众不是射击场中的靶，宣传魔弹打到他们身上，他们不会倒下。他们会抵抗子弹，重新加以解释，或者加以利用来达到自己的目的。受众是‘顽固的’，不肯倒下。”

1948 年，美国政治学家哈罗德·拉斯韦尔在一篇论文的开篇，就提出了一个也许是传播研究中最为著名的命题：描述传播行为的一个简便方法，是回答下列五个问题：

谁

说了什么

通过什么渠道

对谁

取得了什么效果

此后，这句话就被称为“拉斯韦尔公式”而为人们所引用。如果将其转变为图解模式，它就成为图 9-2 中的样子：

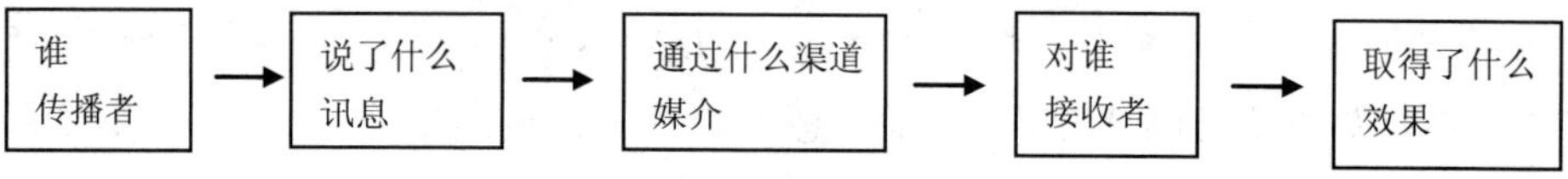

图 9-2

这个简单的公式有好几种用途，最主要的是用于组织和引起关于传播的讨论。拉斯韦尔本人则用这个公式来揭示传播研究的各种独特类型。对公式中的每一问题，他都附有一个特别类型的分析（图 9-3）。

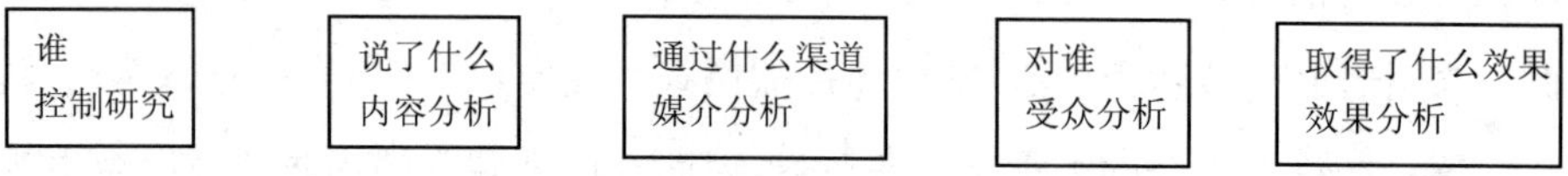

图 9-3

有些研究者感到拉斯韦尔模式虽然很有用，但毕竟太简单了，因此他们进一步发展了这一模式。布雷多克（1958 年）发现，除拉斯韦尔提出的那五个问题外，还有更多的因素。

布雷多克在他自己提出的模式中又增加了传播行为的两个方面，即传递讯息的具体环境和传播者发送讯息的意图，可用图 9-4 来表示。

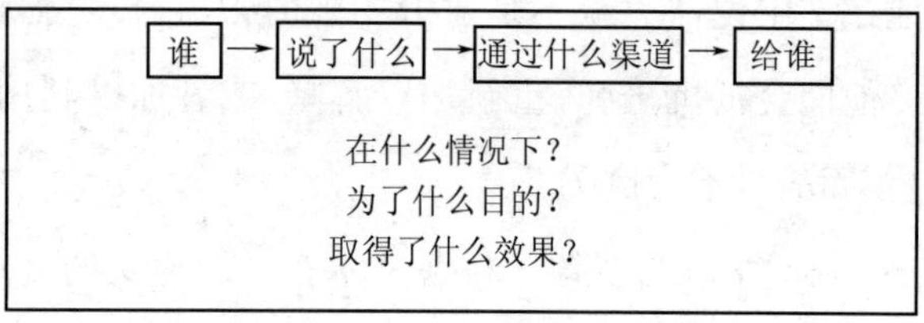

图 9-4

拉斯韦尔公式显示了早期传播模式的典型特征，它或多或少想当然地认为传播者具有某种打算影响接收者的意图，因此应该把传播主要看作是一种劝服性过程。这一模式还假定任何讯息总是有效果的。这种类型的模式无疑助长了过高估计传播（特别是大众传播）效果的倾向。如果知道拉斯韦尔当时关心的是政治传播与宣传，那么这就不会太使人感到意外了。这个公式对于分析政治宣传确实是十分适用的。

布雷多克强调，拉斯韦尔公式把研究者引向了截然不同的研究领域，因此可能错误引导，因为事实上这些领域在很大程度上是相互关联的。

人们还进一步批评拉斯韦尔忽略了反馈要素。然而，这一批评不应掩盖这样的事实：甚至时至今日，拉斯韦尔模式仍是引导人们研究传播过程的一种方便的综合性方法。

九、“使用与满足”的接收过程传播模式

如今，在传播学领域要数“使用与满足模式”的影响最大，尤其在美国更是如此。众所周知，大众传播研究的大部分历史，论述的是效果和媒介对人们的影响。所谓的“使用与满足模式”之所以引人注目，就在于它抓住了这个模式与传统的效果研究之间的主要区别：以研究人们如何处置媒介取代了研究媒介如何对付人们。

这个模式研究的中心，在于为达到满足和需求的实现而对媒介内容的使用。受众的行为在很大程度上由个人的需求和兴趣来加以解释。值得强调的是，这是一个接收过程的模式，并不包括全部的传播过程。

麦奎尔 1979 年曾经提到，在这种“使用”模式出现的背后存在着两股主要的推动力：第一，关于媒介效果的决定论假设有一个对立物。这是特别存在于美国社会学界的“人的再发现”理论的一部分。第二，有一种想从关于大众媒介趣味的没有结果的争论中摆脱出来的愿望。在这一问题上，使用与满足模式对研究媒介内容和受众之间的关系，以及根据“功能”而不是“趣味层次”对媒介内容进行分类，提供了一条可供选择的途径。

满足的研究模式还常包括满足需求的动机和实现需求的功能的替代物。在使用与满足研究领域的一些单个模式中，也许最为广泛引用的是罗森格伦的模式（1974 年），它考虑了与这种方法有关的绝大多数因素和关系。如图 9-5 所示，有 11 项因素互相关联。

个人的需求构成了模式的起点。当然，需求的发展不会在真空状态下产

生，而是在与个人的内在与外在因素的相互作用下出现的（图 9-5 中第二和第三项）。参照马斯洛的需求层次，罗森格伦认为与低层次的需求（生理及安全的需求）相比，高层次的需求（交往、爱、被承认及自我实现的需求）与使用与满足模式的关系最密切。

在第四项中，作者提出了由需求、个人特征及周围社会条件之间的相互作用所产生的问题的概念。罗森格伦指出，"问题"与"需求"不应该混同，尽管它们经常被混用。这些问题的显著性因人而异，对如何可以解决这些问题的认识也是这样（第五项）。

在个人的层次上，作者看到的问题及其解决方法可能给行动带来动机（第六项）。"动机"也许很难与"需求"和"问题"分开，特别是在经验主义的研究中，动机可能被引向范围广泛的需求或问题解决类型的目标。

一、人类某些基本的高、低层次的需求在于

二、个人内在和外在特性的有差别的结合和

三、周围社会的结构，包括媒介结构的相互作用下，导致

四、或多或少被强烈感受到的个人问题的有差别的结合以及

五、已找到的这些问题的解决方法问题与解决方法的结合构成

六、企图寻求满足或解决问题的行为的不同动机导致

七、实际的媒介消费的不同形式和

八、其他行为的不同形式这两种行为类型引起

九、满足或不满足的不同形式以及可能影响

图 9-5

研究提供了一些例子：个人所经历的某些社会处境充满了冲突与紧张气氛，以致个人产生通过媒介消费去获得寻求轻松的动机。个人可能意识到社会中的问题，因而受到激发去寻找信息，以便进一步确定自己对媒介内容的倾向。所以那些不可能通过"自然的途径"实现其互动需求的个人便会受到激发去使用某些类型的媒介内容（如电视剧）。

因此，导致动机产生的问题使人们采取媒介消费的行动或者其他形式的行动（第七项和第八项）。由于不同的个人和群体具有不同的需求、问题与动机，因此行为的方式也不同：一些人会寻求娱乐的内容，一些人会注意信息，而有些人则根本不会去使用大众媒介内容。

第九项说明这个过程将产生满足或不满足的不同形式。经验主义的研究在很大程度上没能对受众满足做调查，常常设想人们获得了他们所寻找的满足。

从传者中心转移到观众中心，也就是话语权的转移，从一种声音转移到多种声音，话语权变得多元化了，传播者与受众之间的张力关系消除，受众不再只是被动地接受，而转入积极参与、主动接受和交流的语境中，电视文化成为真正的人人都能参与游戏的文化广场。

网络经济媒体的出现，终结了以"传者为中心"的特权传播方式，每一个人都可在网络上发表自己的意见和观点，每一个人既是接受者又是传播者，扮演着双重角色，因此电视媒体更要注重平等交流的功能。

思考与研讨题

1. 什么是"视野融合"？

2. 如何理解电视节目和网络文化传播中的互动参与理念？

3. 结合媒介文化传播，请谈谈如何理解接受者是一种创造力量，如何理解草根文化。

4. 你如何看待"使用与满足"的传播模式？

第十章 巴赫金的对话理论

本章要点

巴赫金的对话理论和民间狂欢文化的理论研究为我们理解当今媒介文化中的大众文化、草根文化和狂欢式的娱乐化提供了独特的视角，并从人性本质上给予了我们一种认知途径。新媒体的出现，博客、播客、微博的兴起，使媒介传播发生了一场革命，并且影响深远，现在、未来都会不断见证。我们已进入双向传播的、互动参与的、平等对话的交往沟通方式，这种方式正是巴赫金所主张的“对话理论”。而现在媒体的全民、大众的娱乐方式，也正是巴赫金的“民间狂欢文化”的显现。

我们不再只是受众，还是传播者；不只是消费者，也是生产者；不只是观看者，也是参与者、对话者。媒介已成为人们的生活场、表演场。这正是人们通过新兴媒体而达成的：我要生活，我要快乐，我要释放，我要表演，我要体验感受，我要狂欢娱乐的内在愿望法则的实现。

巴赫金是苏联最著名的美学家之一，同时也是一位世界性的美学家。在20世纪中叶的欧洲文化中，巴赫金是一位非常迷人而又神秘的人物。这种魅力不难理解，他那丰富且富有特色的作品，是其他美学家所无法媲美的。

图10-1　巴赫金(1895—1975)

巴赫金1918年毕业于彼得格勒大学，他是从语言哲学的角度切入美学问题的，他的作品直到1963年才引起学界的注意。对他来说荣誉来得太晚，1975年3月7日他的生命之旅悄然结束。

巴赫金一生著作颇丰，主要著作有:《审美活动中的作者和角色》《陀思妥耶夫斯基的创作问题》《拉伯雷在现实主义历史中》《文学问题和美学问题》。

本书之所以研究巴赫金，是因为他的对话理论和民间狂欢文化的理论研究，为我们理解当今媒介文化中的大众文化、草根文化和狂欢式的娱乐化提供了独特的视角，并从人性本质上给予了我们一种认知途径。新媒体的出现，博客、播客、微博的兴起，使媒介传播发生了一场革命，并且影响深远。我们已进入双向传播的、互动参与的、平等对话的交往沟通方式，这种方式正是巴赫金所主张的“对话理论”。而现在媒体全民、大众的娱乐方式，也正是巴赫金的“民间狂欢文化”的显现。

我们不再只是受众，还是传播者;不只是消费者，也是生产者;不只是观看者，也是参与者、对话者。媒介已成为人们的生活场、表演场。这正是人们通过新兴媒体而达成的:我要生活，我要快乐，我要释放，我要表演，我要体验感受，我要狂欢娱乐的内在愿望、法则的实现。

巴赫金的“对话理论”代表着西方语言哲学转向中的新的研究方向。巴赫金的美学研究方法是独特的，他坚持一种历史主义的方法论，主张对现存的任何文化现象或审美现象的思考，都必须追溯其历史，做出发生学的语源学的分析，是一种非常有效的美学历史主义方法。巴赫金采用具体个案的研究，他的美学研究有两个典型个案一以贯之，那就是陀思妥耶夫斯基的小说和中世纪文艺复兴时期的拉拍雷所代表的民间文化。这个特点使他与许多哲学思辨美学有所不同。他的美学理论在解决抽象的理论和具体的审美实践方面，有着独特的视角和方法论的特点。

西方现代哲学中对自我—他者及其沟通交流的关注，可以说是一个主导的潮流，这种倾向到了后现代主义时期更是如此。巴赫金的"对话理论"认为：在社会中存在的人，总是处于和他人的相互关系之中，不存在绝对的真理拥有者，也不存在任何垄断话语的特权者。因此，自我与他人的对话关系便构成了我们真正的生命存在。自我与他人的对话关系乃是生存的基本条件，单一的声音什么也结束不了，什么也解决不了，两个声音才是生命的最低条件，是生存的最低条件。巴赫金主张对话中的平等和互动参与的积极交往，进而形成了思想的真正生命和活力，也是现在人们主张的多元对话性和"头脑风暴"。这种状态更能激活思想的交流，撞击出智慧的火花。巴赫金正是通过与他者的对话建立起了自己的美学。

巴赫金是一位极富历史意识的美学家，他对拉伯雷和民间文化的研究堪称典范。他认为，民间诙谐文化是普通平民大众自己的文化，对当下媒介文化来说，就是要具有"草根文化"的精神。他最著名的研究是对狂欢化广场民间文化的研究。他认为，狂欢的民间文化代表一种具有生命力的亚文化，具有反权力、反规范、反体制的特性，代表了自由的充满活力的文化力量。如今，互联网的"草根文化"就具有这一特性，具有一种颠覆性的批判力量。他指出，狂欢节作为平民大众的节日，是全民的、人人都参与的广泛遍及的娱乐活动。在狂欢节上，人们不是旁观者，而是就在其中生活，而且是大家一起生活、体验、共同参与，这正是当下网络式的生活、电视娱乐节目、真人秀节目的特性，是全民性的网络游戏的特性。

狂欢节具有宇宙性质，这是整个世界的一种特殊状态，这是人人参与的世界的再生和更新。这就是狂欢节的观念和本质，这种本质是所有参加者都活生生地感觉到的，也正是巴赫金所说的"第二世界和第二生活"的真正含义。

巴赫金的民间诙谐文化理论可被视为批判美学，它和现代文化及后现代文化的批判美学相呼应，构成了一个完整的西方 20 世纪美学关于批判理论的框架。

一、对话理论：平等交流、参与互动、差异与多元的理念

在巴赫金的美学思想中，对西方现代美学最有影响的显然是他的“对话主义”思想。

在西方现代哲学中，自我—他者的复杂关系一直是哲学家们最为关注的问题，而不同的哲学派别在此问题上也提出了完全不同的主张。海德格尔认为，人的存在有赖于一种对话性的“听—说”关系，所以语言是人类存在的家园，因而自我和他人的交谈在海德格尔那里具有异常重要的地位。加达默尔提出，自我和他人之间存在着一种沟通的可能性，人们对文本的解读实际上就是自我和他人的交流和讨论，通过理解和体验而产生意义。而艺术语言是“对每一个人的自我理解说话”，所以，解释学包含了美学。解释学在心灵的距离之间架起桥梁，显示了人心灵的异样性。巴尔特关于可读的和可写的文本的分析，克里斯蒂娃关于互文性的解释，结构主义和后结构主义对话语概念的关注和研究，都强调了自我—他者的对话的可能性和必要性。在西方现代哲学中，理解、对话和话语等概念又是与主体间性的概念密切联系在一起的。主体间性的范畴道出了人作为一种文化的存在，以及其交往沟通和对话的可能性及必要性。哈贝马斯说得好：

> 纯粹的主体间性是由我和你（我们和你们）、我和他（我们和他们）之间的对称关系决定的。对话角色的无限可互换性，要求这些角色操演时在任何一个设计者中能拥有特权，只有在言说和辩论、开启与遮蔽的分布中有一种完全的对称时，纯粹的主体间性才会存在。①

以上简单的列举足以表明，西方现代哲学中对自我—他者之间沟通交流的关系学说是一个主导的潮流，这种倾向到了后现代主义时期更是如此（如利奥塔）。而哈贝马斯关于主体间性的描述可以看作是这种观念的一个生动的写照。在他看来，主体间性也就是自我和他人的对话关系，这种对话之所以可能，是基于这样

---

① 〔德〕尤尔根·哈贝马斯：《交往行动理论：行动的合理性和社会的合理化》第一卷，洪佩郁、蔺青译，重庆出版社 1993 年版，第 215 页。

几个条件：首先是平等，不存在任何人的特权和优势；其次是可互换性，言者和闻者的角色是不断互换的。这样就构成了哈贝马斯所说的“完全的对称”。

其实，这样的想法早在巴赫金的元语言学研究中就萌芽了。在他看来，首先，自我只有在与他人的关系中才能显示出来，即是说，“我”存在于他人之中，并通过他人来意识到自己。这是一种本体论的陈述，一种关于人及其存在的状态的规定。换言之，自我与他人的对话关系乃是生存的基本条件。其次，巴赫金认为，人的存在不仅是物质性的存在，更重要的是精神的存在。人可以意识到自己的存在，意识到自我不同于他人。那么，精神是如何运作的呢？思想是如何形成的呢？这就涉及巴赫金对话主义理论的另一个重要方面，即思想的存在是以对话为前提条件的。他在分析陀思妥耶夫斯基的小说时特别指出了这个特征。

陀思妥耶夫斯基塑造思想的形象，并深刻地理解了人类思想的对话本质。他发现了、看到了、也表现出了思想生存的真正领域。思想不是活在孤立的个人意识之中，它如果仅是这样，就会退化甚至死亡。思想只有在同他人的思想发生重要的对话关系之后，才能开始自己的生活，才能形成、发展、寻找和更新自己的语言表现形式，衍生新的思想。人的想法要想成为真正的思想，即成为思想观点，必须在同他人另一个思想的积极交往之中才能实现。所谓他人的另一个思想，体现在他人的声音中，就是体现在通过语言表现出来的他人意识中。恰是在不同声音、不同意识互相交往的连接点上，思想才得以产生并开始其生命。思想（根据艺术家陀思妥耶夫斯基对它的观察）并非是一种主观的个人心理的产物而“固定居住”在人脑中，思想是超主观的，它的生存领域不是个人的意识，而是不同意识之间的对话交流。思想是在两个或几个意识相遇的对话点上演绎出的生动事件。思想在这方面同言论相似，思想同言论构成辩解，得到其他声音从其他立场做出的回答。同言论一样，思想就其本质来说是对话性的。

二、对话立场：“未完成性和未定论性”

巴赫金的对话主义涉及另一个重要原则——差异原则。在巴赫金看来，构成真正的对话关系的必要条件是不同的声音之间的相互交织论争。对话的双方或多方必须具有不同的声音才能构成真正的对话关系，即是说，这是一种不同的思想和观念构成的“复调”。巴赫金的基本想法是，如果对话的各方都保持一种声音，那么，这样的对话究其本质不过是一种“独白”，因为其中并不存在任何争吵、商议甚至妥协，也就失去了对话的基本特征——相互理解。因为共同的声音和立场彼此没有区别，也就无须任何理解了。在这方面，巴赫金提出了一系列十分深刻、独到的观念，从而构成了他的对话哲学的基本理论。此外，巴赫金深信，不同的声音和观念乃是社会现实的多元性和矛盾性的反映。

巴赫金认为，差异作为对话的前提之所以存在，是因为构成对话关系的各方具有独立性。这是巴赫金对话理论的又一个重要原则，即没有这样的独立性就不可能形成平等的相互交流关系，也不可能保持上面所说的差异。道理很简单，独立性是差异存在的前提条件。巴赫金以托尔斯泰“独白”式的小说为例，指出托尔斯泰过于优势和强大的声音淹没了其他声音，因而使得参与对话的各方最终都不过是作者观念的传声筒而已。而在陀思妥耶夫斯基那里，每一个声音都以自己的独立存在呈现在作品的世界中，互不混淆，互不同化，彼此在一个平面上不停地演说着、倾听着，从而构成了真正的对话关系。陀思妥耶夫斯基作品中的每一种思想都代表了每一个人的思想，并相对于所发出的声音、所致力的目标而存在。多样的观点和作品中所有人物的观点以及与它们融为一体的作者的观点都代替不了绝对，这些观点之间没有优劣、等级之分。陀思妥耶夫斯基给美学及伦理领域带来的革命堪与哥白尼或爱因斯坦在物质世界的认识方面引起的革命相媲美。巴赫金爱用比喻说：“世界无所谓中心，我们生活在普遍的相对性之中。”[①]由于上述种种对话的前提条件和本质特征，所以对话必然会构成一种多方的言说和倾听关系。用巴赫金的话来说，对话就是希望被听到，希望被人理解，得到从其他立场上作出的应答。这里涉及的是表达和理解的复杂对应关系和结构。在巴赫金看来，这正是语言的本性所在，同时又是人的真实生存状态，更进一步地，这也是一切伟大的艺术或审美活动的存在条件。

巴赫金还富有见地地指出对话的一个常为人们所忽略的特征：未完成性和

① 〔俄〕巴赫金：《陀思妥耶夫斯基诗学问题：复调小说理论》，白春仁、顾亚铃译，三联书店 1992 年版，第 344 页。

未定性。所谓未完成性，在这里具有深刻的哲学意义和历史意义，即是说，在对话中他人意识不能作为客体来观察分析，只能进行对话交流。思考它们就意味着和它们说话。否则，它们立即会以客体的一面转向人：它们会沉默不语，锁闭起来，变成凝固的完成了的形。所以，巴赫金主张在对话中，必须认真实现和彻底贯彻“一种对话立场”，正是这样的立场，使得对话的人具有真正的“独立性、内在自由、未完成性和未定论性”。

三、狂欢化的民间文化理论

在巴赫金的民间诙谐文化理论中，最著名的是他对狂欢化广场的研究。狂欢不仅具有文化学的意义，也具有历史、民俗学、美学和人类学的含义。在巴赫金的历史文化学中，狂欢的民间文化是一种特定条件下的人民活动，在许多方面都和严肃的官方文化截然对立，代表了一种具有生命力的亚文化，狂欢的民间文化中所特有的反体制、反权力、反规范，代表了自由的、充满活力的文化力量，所以历来受到正统学术的冷落。然而，巴赫金却特别关注这种文化现象中所包含的深刻的历史内涵，他尤其注重民间狂欢文化中的那种颠覆性的批判力量。

巴赫金指出，民间狂欢文化是一种在正统的官方文化之外的“第二世界和第二生活”。这里，巴赫金把民间狂欢文化视为正统文化的对立面，而拉伯雷的形体系正源自于这样的文化。巴赫金写道：“所有这些仪式和演出形式，作为以取乐为目的的活动形式，同严肃的官方的、教会和封建国家的祭祀形式和庆典都有明显的区别，可以说是原则性的区别，它们显示了看待世界、人和人的关系的另一种角度，绝对非官方、非教会和非国家的角度；可以说，它们在整个官方文化彼岸建立了第二世界和第二生活，这是所有中世纪的人都在或大或小的程度上参与，都在一定的时间内生活过的世界和生活。这是一种特殊的双重世界关系，看不到这种双重世界关系，就不可能正确理解中世纪的文化和文艺复兴时代的文化。”①

---

① 〔俄〕巴赫金：《陀思妥耶夫斯基诗学问题：复调小说理论》，白春仁、顾亚铃译，三联书店 1992 年版，第 353 页。

图 10-2　巴西狂欢节

巴赫金深入地分析了民间狂欢文化的几个重要特征。第一特征是所谓的民间狂欢文化的全民性。与正统的代表少数封建统治阶级的官方文化不同，狂欢节作为大众的节日，是所有人都参与的广泛活动。巴赫金特别指出，在狂欢的活动中，根本不存在什么演员和观众的分工，所有的人既是演员又是观众，既在表演，又在观赏别人的演出。这种角色的均衡和无限的可转换性，其实正是后来的哲学家们所热衷的"主体间性"的概念。由于狂欢的广场性质，所以在这种活动中，甚至连舞台本身也不存在，没有"演出"和"观看"的截然区分，可以说，整个广场都是舞台或看台。在狂欢节上，人们不是袖手旁观，而是就在其中生活，而且是大家一起生活，因为从观念上说，它是全民的。在狂欢节进行当中，除了狂欢节的生活，并没有另一种生活。人们无处躲避它，因为狂欢节没有空间界限。在狂欢节期间，人们只能按照狂欢节的法律生活，亦即按照狂欢节自由的法律生活。狂欢节具有宇宙性质，这是整个世界的一种特殊状态，这是人人参与的世界式、再生式更新。这就是狂欢节的观念和本质，这种本质是所有参加者都活生生地感觉到的。这正是他所说的"第二世界和第二生活"的真正含义。

四、民间狂欢文化

民间狂欢文化的第二个特征是它取消等级、使人趋于亲昵，这与官方强调身份的状况完全不同。与官方的节日相对立，狂欢节仿佛是在庆祝暂时摆脱了统治地位的真理和现有的制度，庆祝暂时取消一切等级关系、特权、规范和禁令。在狂欢节广场上，支配一切的是人们之间不拘形态地自由接触的特殊形式；而在日常的亦即非狂欢节的生活中，这些人被不可逾越的等级、财产、职位、家庭和年龄的壁垒所分割。人回到了自身，人在人们之中感觉到自己是人。这种真正的人性的关系，不只是想或抽象的思考，而是现实的，是在活生生的感性物质接触中体验到的。乌托邦是狂欢节理论理想在现实通过这种狂欢形式对世界形成的感受，是一种暂时性的融合。等级的消失，使平时人们之间的距离不复存在；自由的交谈，使人们回到了自己本真的生命样态，于是，官方文化那些外在的强加的身份因素被无形地瓦解了，亲昵出现在狂欢的人们之中。更重要的是，巴赫金指出，在这样的活动中，界限的消失使得人们融为一体，这正是理想的社会形态。他写道："人们之间不平等的任何距离，都不存在；起作用的倒是狂欢节的一种特殊的范畴，即人们之间随便而又亲昵的接触……在狂欢中，人与人之间形成了一种新型的相互关系，通过具体感性的形式、半现实半游戏的形式表现出来。"①

五、民间文化的第二生活

民间狂欢文化的第三个特征是所谓的正反同体和颠倒。巴赫金发现，在狂欢中，一切原来在狂欢之外的等级世界中被分割禁锢和抛弃的东西，在狂欢中都奇妙地结合在一起了。"狂欢式使神圣同粗鄙、崇高同卑下、伟大同渺小、明智同愚蠢等接近起来，团结起来，订下婚约，结成一体。"通俗地说，在民间狂欢的表演中，"黑白"颠倒，"是非"不分，"好坏"相通不但是可能的，而且是明明白白的现实。日常生活中的逻辑在这里似乎完全不起作用，甚至完全颠倒了。巴

① 〔俄〕M. 巴赫金：《巴赫金文论选》，佟景韩译，中国社会科学出版社 1996 年版，第 105 页。

赫金认为，民间狂欢文化的这一突出特征就体现在这里。

这种世界感受同一切现成的东西、完成性的东西相敌对，同一切妄想具有不可动摇性和永恒性的东西相敌对，为了表现自己，它所要的是各种动态和多变的、“普洛透斯式”的闪烁模糊的形式。狂欢节语言的一切形式和特征都充溢着更替和更新的激情，充溢着对占统治地位的真理和权力的可笑相对性的意识。这种语言所遵循和使用的是独特的“逆向”“反向”和“颠倒”的逻辑，是上下不断换位，如（车轮）面部和屁股不断换位的逻辑，是各种形式的戏仿和滑稽改编、戏弄、贬低、亵渎、打诨式的加冕和废黜。在一定程度上说，民间文化的第二生活、第二世界就是作为对日常生活，即非狂欢节生活的戏仿而建立的，就是作为颠倒的世界而建立的。但必须强调的是，狂欢节式的戏仿远非近代那种纯否定性和形式上的戏仿，狂欢节的戏仿在否定的同时又在再生和更新。一般说来，民间文化完全没有单纯的否定。

在这段话中，巴赫金指出了民间狂欢文化中特别值得注意的地方，那就是它的颠倒逻辑。日常生活的一切正常的逻辑反过来、上下换位。我们不妨将此视为平民大众对日常生活中正常逻辑的一种积极的反抗，一种内在的希望法则的实现和表演。巴赫金特别分析了狂欢节仪式：笑谑地给狂欢国王加冕，随后罢黜。这里蕴含了交替与变更的精神、死亡与新生的精神，被加冕的最终完成。扯下帝王的服装，嘲弄他们的权威，甚至讥笑和殴打他，这就特别鲜明地表现了狂欢式的交替更新精神。

六、民间狂欢文化的基本表现形态

巴赫金指出的民间狂欢文化的第四个特征是所谓的粗鄙。各种不登大雅之堂的言谈表达、行为和动作，甚至污言秽语，全都在狂欢中出现了。这正是第三个特征的另一种表现，这里不再赘述。

民间狂欢文化的基本表现形态是诙谐和笑。在狂欢中，人们不但取笑别人，同时也嘲笑自己。“大家都笑，普天同庆”，“它以万事万物取笑”，“它是狂欢的狂喜的，同时也是冷嘲热讽的；它既肯定又否定，既埋葬又再生。这就是狂欢节的诙谐。"[1]通过对这些特征的概括，巴赫金把民间狂欢文化上升到更高的哲学水平上加以认识，他说："我们要特别指出这种节日诙谐的世界观性质和乌托邦性质，以及它的最高目标的精神。在这种诙谐中，但完全是在新的意义上，依然存在着远古诙谐性对神灵的嘲笑。在这里，一切祭祀性的成分和限定性的成分都消失了，但全民性、包罗万象性和乌托邦成分却保留下来了。拉伯雷就是这种民间狂欢节式的诙谐在世界文学中最伟大的代表者和集大成者。他的创作能够使我们深入到这种诙谐的复杂而深刻的本性。"[2]

七、民间文化：具有体验式的愿望

我们要学会运用对话理论，使"对话—交流"成为节目的主导，使现代传播从垂直的关系转向平行交流。第一，要懂得主体间性。把任何关系都看成"我与你"的关系，看成主体与主体之间的平等对话关系，把封闭转为互换的关系。第二，要利用差异性原则。差异性其实是多元性、矛盾性的反映，是一种对话的基础。任何对话有差异才有趣味，在对话过程中要不断设置问题，做节目时要注意这种差异，不能强化自己的主观意见，导致他人说话却没有观点。提问亦如此，要注意提出社会普遍关注但又众说不一的问题。围绕一个太阳的时代已经过去，现在是满天繁星、多种声音并存的时代。《非常男女》主持人设置的问题各式各样，各个嘉宾的回答也各有不同，且妙趣横生。这种多样性的观点呈现，使电视机前的观众在不知不觉中被节目的不可知性深深地吸引，无意识之中也参与了进去，主持人的提问使观众有一种突发性的审美心态，呈现出多元化。第三，要懂得独立原则。主体间只有独立才能产生差异，不能独立就谈不上自由，只有每个人是独立的，才能平等地交流对话，才会角色互换；没有独立，就没有创造力。第四，要认识未完成性。任何东西都不能马上得出结论，随着时间的推移，每段历史都在不断地被书写，任何对话也都不是只有一个结论，没有确定性，是敞开的，需要不断地交流对话，不断地敞开、创新、生成、读解，再书写历史。

---

① 〔俄〕M. 巴赫金：《巴赫金文论选》，佟景韩译，中国社会科学出版社 1996 年版，第 109 页。

② 〔俄〕M. 巴赫金：《巴赫金文论选》，佟景韩译，中国社会科学出版社 1996 年版，第 109 页。

要了解民间文化与狂欢文化。电视新闻是一种官方文化、政府文化，而民间文化不同，它包含着我要快乐、要释放、要娱乐的概念。电视文化其实就有一种狂欢的民间文化的娱乐功能。西班牙的斗牛节、巴西狂欢节都是一种民间文化。民间文化具有以下四个方面的特征：第一，人人都参与、全民化。狂欢文化属于广场文化，没有舞台和观众，大家都是主体，这种大众传播是观众的一种心态，现在的观众越来越需要这种“普天同庆”的狂欢节目，它使节目与观众之间越来越贴近、越来越没有距离。《快乐大本营》《欢乐总动员》等节目都具有民间狂欢节的味道，具有开放的广场结构，使大家一起参与、一起欢笑，节目不断发展，观众不断参与，电视机前的观众也跃跃欲试，极具刺激，从而充分调动了观众的参与感和积极性。第二，取消等级差异，趋向亲昵。在狂欢节上，取消地位，取消贫富，人与人之间达到平等的交流，有亲近感，毫无拘束地同欢同庆，达到亲密状态。这种平等亲密关系的建立，使人完全回到了人性的本身。第三，正反同体和颠倒。人们脱离了一种社会的压抑和束缚，完全是一种内在心态的释放，没有中心，取消组织化的等级体系，解构中心，解构权威，达到一种本真状态。第四，粗鄙。这是一种表达方式，人们要放松，要粗俗、诙谐地调侃，要自我嘲笑，要完全轻松地使用语言。《非常男女》中主持人胡瓜的语言虽然粗俗，但却机智、幽默。现在的电视节目就特别需要这种轻松、愉快的氛围。

思考与研讨题

1. 如何理解平等交流、参与互动、差异与多元的理念在媒介文化传播中的应用？你认为国际媒介传播中是否应具有这些理念？

2. 什么是巴赫金的对话理论？

3. 请谈谈巴赫金的民间文化理论与现代网络“草根文化”兴起的相关性。

4. 如何理解民间狂欢文化与电视真人秀娱乐游戏节目之间的互通性？

5. 如何看待全民娱乐的网络游戏的商业运行模式？

6. 如何看待大众媒介中的娱乐功能？如何看待电视娱乐节目的低俗化问题？

第十一章 德勒兹的“块茎”理论

本章要点

德勒兹提出“块茎”思维，创造了一种“块茎”式系统：它没有中心，持续不断地运动，变幻莫测，不断地链接和重新排列组合。“块茎”作为“反中心系统”的象征，是一种“无器官身体”，是理解“无结构”之结构的后现代文化观念的重要路径。

德勒兹通常被视为西方后结构主义具有代表性的哲学家和美学家，其块茎论具有联系性原则、异质性原则、多元性原则、反意指裂变原则、制图学与贴花原则等基本特征。它在思考电子传媒所引发的图像时代、阐释赛博空间的视觉文化艺术上具有较大的理论意义，可被视为理解当代数字文化艺术的一种理论图式。

吉尔·德勒兹(Gilles Deleuze，1925－1995，后文简称德勒)是法国一位影响巨大的后现代哲学家，是上世纪60年代以来法国复兴尼采运动中的关键人物，德勒兹正是通过激活尼采而引发了自己对差异哲学和欲望哲学的法兰西式的热情。如今，德勒兹的影响遍布人文科学的各个角落，他的《反俄狄浦斯》和《资本主义与精神分裂(卷2)：千高原》(后文简称《千高原》)已取得世界性的声誉。

图11-1　吉尔·德勒兹(1925—1995)

和尼采的相遇对德勒兹产生了深刻的影响。尼采，这个被福柯称之为“从哲学的深山里突然杀出来的农夫”，将德勒兹从哲学史的泥淖中拉了出来，尼采不仅仅让那个久远的哲学——形而上学传统终结，还使之发生了根本性的扭断。他用片段性来对抗哲学机器的总体性，用警句对抗逻辑，用笑声和反讽来对抗严肃和伪饰，用隐喻对抗换喻，用文学对抗哲学，用谱系学对抗形而上学。尼采的这种反哲学姿态给了德勒兹决定性的影响：如果确实存在着某种哲学家的话，那么也断然不是形而上学家。德勒兹的雄心就是要做一位尼采所谓的“新型哲学家”或“未来哲学家”，即一个实验哲学家，一个摆脱哲学史恐怖的哲学家。

德勒兹的文本也不例外，他反对秩序化的章节安排模式，他也想清除掉书本固有的形而上学残渣。在《差异与重复》中，他将科幻小说和侦探小说这两种体裁巧妙地嫁接起来。在《反俄狄浦斯》中，他试图消除艺术和哲学之间的界线，并有意使其成为一种杂乱的分裂话语，成为一种疯子文本，成为一种布满文学意象的艺术品。德勒兹有意发明了大量新奇、怪异的概念，从而抛弃了传统的哲学要素。但是，正如福柯所言，不要在这些概念中寻找哲学，最好将《反俄狄浦

图11-2　德勒兹著作《资本主义与精神分裂(卷2)：千高原》

斯》当作一门艺术来对待。在《千高原》(这是德勒兹最满意的一部作品)中,德勒兹更加彻底地运用了随机式的拼贴,他尊重即刻性和偶然性,抛弃了理论陈述和哲学推理。书的等级制和中心性被颠覆了,在后结构主义者这里,德勒兹对书籍的这种姿态不是孤立的,德里达的《丧钟》、罗兰·巴特的《恋人絮语》都是德勒兹式的书的终结的同道。

一、德勒兹"块茎"思维的六大特征

德勒兹通常被视为西方后结构主义具有代表性的哲学家和美学家,其"块茎"论具有联系性原则、异质性原则、多元性原则、反意指裂变的原则、制图学与贴花原则等基本特征。其创造的"块茎"式系统没有中心,持续不断地运动,变幻莫测,不断地链接和重新排列组合。它在思考电子传媒所引发的图像时代、阐释赛博空间的视觉文化艺术等方面具有理论上的契合意义,可被视为理解当代数字文化艺术的一种理论图式。

"块茎"的第一和第二特征表达了"联系性原则和异质性原则"(principle of connection and hetrogeneity)。块茎与仅仅立足于一点并且固定于秩序的树木极为不同:树根类型有系谱或中心论的蕴含,而块茎类型则把中心去掉并且置入其他维度。这两个特征的核心是"多元异质链接",电子媒介的特质与块茎的这些特征颇为吻合。

"块茎"的第三个特征是"多元性原则"(principle of multiplicity)。块茎的多元性不再作为与"唯一性"相关的主体或客体、自然现实或精神现实、图像与世界的关系而存在。多元性的块茎图式与树状模式、簇根模式的多元性不同,它既非主体,又非个体只是决定、量值、运动与维度。多元性原则的要旨是反对树状的二元对立原则的思想传统。德勒兹认为西方传统思想倾向于看重真实,忽视拟像(或摹本、类像),忽视生成(意味潜在性或尚未完成的状态)的虚拟力量。虚拟的力量是一种亟待生成的、强大的力量,不是走向某种既定目的或以某种已然存在的东西(真实或实在)作为基础。虚拟拥有丰富的差异性,它以无法预料的方式进行创新。由此出发来观察,文艺作品的独特性不在于描述这个世界"是"什么,而在于通过亦真亦幻的艺术形象转化这个世界。只有当虚拟的潜在性现实化之后,我们才能意识到它。文学艺术的力量在于它迥异于现实,超越停滞与静态的生活,生产出新的拟像,生成对生活的一种新的表达。

“块茎”的第四个特征是“反意指裂变原则”(principle of asignifying rupture)。块茎可以碎裂、散播开来,但它无论是在新环境中还是在旧环境中都能够生长繁衍。人们永远无法清除蚂蚁,因为蚂蚁构成了动物的块茎,即使大多数蚂蚁遭到灭顶之灾,它们也能够一次次地重新聚集起来。

块茎式的电脑网络是诠释“反意指裂变原则”的一个佳例。电子传媒可以十分便捷、随心所欲地进行各种复制、剪贴与数码合成,用于各种目的,包括网络犯罪与创造新型的多媒体文艺形式。其意义生生不息,其形态瞬息万变,文学艺术经典的续写、改写、逆写、戏仿乃至恶搞,在电子网络世界已经司空见惯。网络写手与受众之间的多元互动具有无限可能性。

“块茎”的第五个和第六个特征是“制图学与贴花原则”(principles of cartography and decalcomania)。这个特征使德勒兹和加塔利的思想与任何关于发生轴和深层结构的思想观念区分开来。德勒兹提供了异质事物之间互相生成的图式和具有后结构主义意味的多元流变拼贴模式,这主要是通过对块茎图式与树状模式的思辨来阐发的。他们的著名例子是兰花与蜜蜂(动物与植物)的互相生成的块茎图式:两者是异质因素,却构成了一种共生的块茎图式。蜜蜂采蜜时为兰花授粉,双方由此延续了生息繁衍的生命链。块茎图式与总是企图回到“同一”树状的追溯不同,在兰花的生命中无法追溯蜜蜂的系谱学轨迹。块茎图式具有开放性,可以与多种维度相关联。兰花可以与蜜蜂、蝴蝶甚至其他小昆虫相关联,同样构成图式。

二、德勒兹的媒介思想

在德勒兹的媒介思想说中,“超文本”和“超媒体”两词常常互相换用。电子链接包括视觉信息、声音、动画和其他资料形式,超文本将影像、图表、声音链接起来。在德勒兹和加塔利那里,即使是《千高原》本身也成了一个超文本的范本。读者可以从任何地方、任何顺序阅读它。这部块茎之书被设计成一种独立的矩阵。作者的任务就是要建立一个虚拟联系的网络,形成一种超文本链接的网络。确实，德勒兹和加塔利赋予块茎的许多属性都与超文本相类似。文本簇构成网络，一个“原（平台）”总是在中间，既非开端，亦非结尾。块茎由原构成，块茎、千高原、超文本（超媒体）和电子传媒空间，都如同块茎一样有多种入口与出口，万维网就是一种电子网络的超文本环境。

当我们把块茎思维与媒介诗学结合起来时，可以发现赛博空间显然是一个不断拓展的开放式的光滑空间，超媒体、超文本、超链接实际上是一种块茎链接，网民在互联网上的遨游可以说是一种在万花筒般虚拟现实的游牧，其中充满身份、年龄、性别、种族、主体的戏仿和互动。电子传媒的剪贴、数码合成导致传统文化艺术边界的消失，新旧文类、媒介杂交，并不断生成新的文艺形态，多媒体文本、视频、音频的综合使得人们能够体验到前所未有的丰富的审美效应。

我们现在完全可以把经典文学录制在光盘只读存储器里，放在互联网上，以链接（超级链接）的方式提供文本。读者能够看到专家的评论、参考文献、同一作家或其他作家的相关文本、各式各样的音像文件……超文本使得互文性进入压缩的时空，从而把量的差异转变为质的差异。在阅读一本书的时候，读者无需跑图书馆查询资料，此时超级链接的（强迫症似的）诱惑是难以抗拒的……超级链接的结构不仅改变了阅读的过程，而且还可能把现存的文化形式转化为新的类型，甚至转化为全新的艺术形式。最近数十年来，我们看到了新旧媒介的混合，形成了形形色色的、复杂如迷宫的新艺术类型。的确，超媒体性的原则不仅能够用来把传统文本与其他文本、形象或声音链接起来，而且还能变成内在于文本、作品或形象的结构原则。譬如，当作家、作曲家和导演利用电脑所提供的机遇，把超级链接与传统艺术品嫁接起来时，就会发生这种情况。如此创作出来的新类型被称为“互动小说”“互动音乐”和“互动电影”。当我们阅读传统文学文本和电子版的超文本、获取文学艺术的知识与资料之时，两者的分野与特征便显得颇为明显：前者是人们熟悉的、线性时间的、条纹化的、有序发展的阅读体验；后者是不断激发新异感的、块茎思维的、光滑空间的、主体与身份隐匿的、千高原式的游牧美学感受。

讨论德勒兹哲学、美学思想与电子传媒艺术之间的关联性的文字不多，我们不妨把要旨译介为开放式空间、光滑空间、边界缺席、速度、性别或种族边界含混、块茎链接和杂交式的创造，这一切描述围绕着德勒兹的著述，并使得德勒兹成为数字艺术家的最爱。德勒兹质疑传统文化空间概念，因为这种空间观把空间作为被动的背景，人类依其观念在舞台上表演戏剧情节。当树状思维让位于块茎思维时，空间就不再与人类表演者相分离了。空间承载了虚拟品质，存在于块茎簇丛之间，强度比广度更为突出。块茎思维能够进入电脑与数字艺术的虚拟空间，它摧毁限度，破坏二元对垒——自然与人文、人类与机器、人类与动物，或者人类与赛博人（电子智能人），并且创造了新的空间。

三、电子媒介是人类新感知系统

新媒介环境下，我们发现麦克卢汉与德勒兹相遇而共舞。

电子媒介是我们人体官能的延伸，是首次在人体内外同时创造出来的感知系统，全感知的方式成为我们的外部环境。电子信息造就的波动圆形传播是双向、同步、瞬间性的，也是非连续性的，它解构了印刷文化的逻辑线性方式。电子媒介环境是全感知的方式，是同步瞬间的声觉世界。电子时代，东方心灵感知式的人闪亮登场。技术使东方西方化，也同时使西方东方化。

1. 新型的感知模式

媒介技术带来感官的外化，世界已被感官表皮化了。耳朵、眼睛的技术扩张立刻形成新的感官比率，新的感官比率又推出一个令人惊奇的新世界，新世界又激发各种感官相互作用形成新奇的格局。新型的感知习惯进入工作和日常交往的各个领域后，初期的震撼冰消雪融。不过，真正的革命是在稍后阶段，这是较长的调整阶段，一切个人生活和社会生活都要去适应新技术建立的新型感知模式。

当新技术融入印刷术时，如果我们面对滚滚而来的电子形象束手无策，我们就看不见我们所承载的新模式。在这个时代，非印刷媒介、非言语交流已经成为规范的正常态，我们陷入担心文字文化的恐惧之中。然而，正是这些损害旧文字文化方式的新模式给我们打开了大门，使我们意识到词语的构成和作用是复杂而宝贵的，它们在我们的生活中发挥着深层的作用。这样的新知识使我们获得了更好的语言知识和更好的阅读习惯，这个效果是显而易见的。

声觉空间是一个球形，没有中心，但它又处处是中心，没有边缘，是电子人的空间，是全息感知的空间，是电子技术的同步空间。而理性空间是连续的、同质的、静态的。研究环境和漩涡的作用都必须从结果入手，结果是感知，而原因往往是概念。我们同时生活在过去的一切文化中，一切过去、将来都在此时此刻的瞬即信息中，这就是声觉一触觉的界面产生的感知模式。它已经成为我们的生活方式。活在当下生命的圆形感知中，我们进入了光波信息速度的生活，因此要用当下声觉意识感应环境。

2. 数字技术把大脑理性转换成声觉和触觉

人类正在重新部落化，数字技术把大脑理性转换成声觉和触觉。在信息加速的条件下，从旧技术的意义上说，人类正在重新部落化。我们所谓的部落式生活，是新技术意义上的生活，也就是倚重耳朵而不是倚重大脑理性的生活。

另一个变化是西方世界向东方世界的迁移，因为它发生在我们眼前，所以它是一目了然的。换句话说，我们正在用技术使东方西方化，把旧技术输送到东方使之西方化。

任何技术都会创造一个新的环境，造成感官的彻底麻木，因为人的本能是躲避未知、奇异的东西，所以人对新环境是浑然不觉的。人们对电子环境一点也意识不到。换句话说，一种电子技术的信息环境把人们包裹起来时，最早感觉到这个环境的人往往是最偏重听觉的人，也就是最接近整体世界的人。

从任何意义上说，语言都是一种大众媒介。语言不是任何一个个体造就的，但是任何人都必须用这个大众媒介来思考、梦想和感觉。西方人正在回到原始的、非理性的那种“神圣”的声觉空间。电视是图像，是马赛克网状的图像，以触觉的价值轰击看电视的人。

在电子时代，时间和空间在很大程度上已经还原为信息流动，所以我们就像古代小型的口头社群一样以神话的方式思考，这是再自然不过的事情。这是因为我们今天很容易感觉到嵌入任何革新里的后果。如果我们看不见这些后果，它们很快就会把我们打得头破血流。

3.拼音文字将多维感知转变成直线的理性感知

拼音是一种抽象的技术，它把言语的多维度感知转化成理性的感知。拼音文字是文明的语言，因为它们使部落人从复杂的声觉和触觉世界转向单一的理性世界。自从“理性”这个词被发明之后，我们一直把这个世界称为理性的世界；反之，数字这个科学语言则是把理性转换为触觉和声觉的手段。

拼音文字把理性的、连续和同质空间的欧几里得世界从共鸣的部落世界里驱赶出来。今天，这个欧几里得世界不得不面对电子世界的挑战，因为它已经不太适用，且显得多余。数字可以把拼音文字造就的理性的欧几里得空间转换成为触觉和声觉的空间。我们从多重感知的世界里抽象出来的代价之一是，如果要恢复与部落世界的联系，我们就必须越来越多地依赖数字。这是因为数字或触觉式计量被推向极端之后就会产生新的电子媒介，这些新媒介回复共鸣的、触觉的世界，把它变成一个直觉的数据，一个无所不包的文化母体。

4.“块茎”是非中心的、无器官身体的全感知系统

德勒兹和加塔利以他们的“块茎”概念在哲学家中获得了最大的成功，众多性质迥然不同的学科都攫住这个概念，用来描绘我们新千年的变迁。“块茎”是一个非等级制的系统，它没有中心，无法确切地掌控，当它破碎时，它会重新生成不同的形式。这种模式被赛博文化用作一种方式，去构想互联网和其他非等级制系统互相联系却又难以预测的特质。一旦电脑被链接到一起，信息的流动渠道便可以以任何方式出现——形成一种“块茎”式的系统，没有中心，持续不断地运动，变化莫测，不断地链接和重新排列组合。

“块茎”说是德勒兹在《千高原》中所描绘的一种新的思维模式，这种思维模式呈现出一种非中心化、非统一化、非层级化和平面状的形态。作为一种后结构主义的非理性认识论，“块茎”说以其自身的相互连接和异质混合特征、多元性特征、反意指裂变特征、绘图和贴花特征动摇和颠覆着传统的“树状思维模式”，进而形成了它本身的现代意义。

“块茎”为数字媒体艺术创作语言的建构提供了新的形式与理论依据。现实主义的艺术作品是对客观现实的描绘与记录，客观现实是表现的内容，此时

艺术家的作用只是对其进行再现，观者进行观赏。照相机出现以后，现代主义的艺术家抛弃了对客观现实的描绘，转向自我内心世界与观念的表达，此时，观者仍然出去观赏。传统影视艺术是创作者把一个故事通过视听语言进行表现。犹如德勒兹提出的“树状”结构，它是线性的、循序渐进的、有序的系统，观众只能被动地观看。数字媒体艺术是对传统艺术形式的继承与发展，但同时，其自身的数字媒体属性又决定了它有其开放的可能性。在数字时代，艺术家为参与者搭建平台，提供素材，邀请参与者进行互动，参与者进行主动式的构建与体验，这是一种在互动中生成作品的方式。通过开放式的建构过程，数字媒体艺术传达创作者的意图；通过互动生成作品的过程，数字媒体艺术让参与者从多方位、多角度体验创作者意图的过程。

5.“块茎”是数字媒体艺术的多样性图式

块茎具有非中心性的特点，块茎间相互独立、相互关联。块茎结构的非中心性没有开头、没有结尾，但有一个范围，因此，从性质上说，它是可以无限连接下去的。创作者通过多个块茎的平面化、无深度的并置表现其作品，为参与者创造块茎间跳跃的平台。参与者可以随时介入块茎，参与其生成，然后离开，跳入其他块茎。参与者的互动与块茎之间信息的传递，导致块茎之间力的全新组合并在不断发展的动态中生成。参与者在块茎间跳跃的过程中形成各自的观赏体验路线，最终导致差异性的块茎生成，进而影响作品的整体生成。

块茎是作品中的单元，是作品整体性的部分。创作的过程是设置块茎、树状的过程，也是内容创作的过程。创作者需要考虑块茎的内容，同时要兼顾块茎间的关系。如果块茎内部存储着树状结构，那么此块茎便具有独立的时空观，会受外界的介入与影响，树状结构随时会被打断。

艺术形式的融合使数字媒体艺术的表现具有了多样性，从真实走向虚拟，计算机数据的准确性为艺术创作中的真实再现提供了技术平台。虚拟与现实的结合有时真假难辨，它开启了人类想象的天空，使得无限的想象世界得以充分表现。计算机的复制性使拼贴性创作、超时空表现更加简便，为各种非逻辑感觉的、非理性、随机性的创作提供了更大的舞台。媒介成为人的延伸，通过感官的数字化输入与输出，为人机的交互体验带来了语言创作的新探索。共时性的参与交互在继承了传统的艺术语言与表现方式的同时，又摆脱了时间与空间的限制。

6. 实时生成

从现实世界的亲身经历到虚拟世界的身临其境，数字媒体作品中的沉浸感是基于计算机的实时生成的信息得以展现的。实时生成增加了参与者的逼真感、当下感。作品的生成离不开读者的参与，从交互到生成，艺术作品中的时间和参与者交互的时间二合一，都凝聚在此时此刻，这是传统叙事所不具备的。所有的内容由创作者创作完成，通过数据库进行存储，根据参与者参与的具体变化和条件，进行实时计算，生成相应的效果与反馈。数字游戏交互过程中的每一秒，参与者都与作品发生着关联与互动，游戏创作者利用软、硬件的配合使大多数三维游戏设备都具有了实时渲染生成技术，在 PC 游戏《消失的海岸线》中，模仿真实世界光感的 HDR 实时渲染技术让该游戏具有了更强烈的真实感，让审美主体与审美对象之间的距离更近，使审美主体所感受的美也更具体、更真切。

图 11-3　游戏《消失的海岸线》

7. 沉浸体验

沉浸体验是一种强烈的临场感受体验。纽约视觉艺术学院约瑟夫·内什瓦塔尔(Joseph Nechvatal)博士对沉浸做了这样的定义：沉浸感是人们面对人造的、引人入胜的事物时自身物理性存在感的削弱或丧失。在这种精神状态中，人们往往可以感到自身抽离出现实空间，对现实中的周围环境毫无察觉，注意力仅仅集中在某一个虚拟的时间和空间之上。与传统艺术相比，数字媒体艺术通过对现实物象、声场，甚至气场、重力、气味的模拟再现了一个“真实世界”，参与者置身其中，能感到超乎现实的真实感。

国际游戏开发者协会（International Game Developers Conference）创始人、游戏设计专家欧内斯特·亚当斯（Ernest Adams）将沉浸式分为三大门类：（1）感官沉浸。感官沉浸是一种在完成有技巧的触觉活动时产生的体验，如电子游戏中的玩家会因熟练的技术动作而获得成功的沉浸。（2）战略沉浸。战略沉浸是一种更加依赖于大脑，与精神挑战密切相关的沉浸形式，如围棋选手沉浸于一种谋局布阵的体验。（3）叙事沉浸。叙事沉浸是观众沉浸于故事情节的欣赏体验，如沉浸于书本或电影故事。与传统艺术沉浸感相比，数字媒体艺术是一种综合了三大沉浸种类的复杂型沉浸式体验。

数字虚拟艺术消除了传统审美的心理距离，将有距离的静观审美转化为无距离的审美沉浸。数字电影中以假乱真的三维特效，网络艺术的超现实互动，虚拟现实艺术营造的多感官仿真幻境以及充满趣味的互动式视频游戏，这些数字媒体艺术作品在观众头脑中营造的虚拟世界都比传统电视剧、电影来得更具体、更生动。按照麦克卢汉的理解，数字媒体艺术是比电视、电影更热的"热媒介"，人们可以轻易地进入沉浸式体验的状态，有时甚至会有些欲罢不能。

保罗·维利里奥（Paul Virilio）在《消失美学》中所提出的"走神癫痫"这一心理学现象同时也是美学现象。保罗·维利里奥的"走神癫痫"描述了人所经历的一种特殊的生理和认知缺席状态，是人的认知形式不在场的时候或从身体中消失的时刻，精神和肉体出现的分裂的状况。诸如我们的白日梦与精神溜号这样的行为，这样的走神现象为数字媒体互动艺术的审美研究提供了新的启示。在互动参与的过程中，数字媒体技术所营造的虚拟真实的环境使审美认知的主体完全沉浸在其中，其虚拟真实的体验所激发的感受超出了参与者以往对真实物质世界的感受，从而引发了身体与意识的分离，参与者的整体感觉是游走于魔幻、神奇的空间，产生新的审美体验。这种审美体验是由交互装置对参与者的感官刺激所引发的心理体验，虚拟真实的环境使参与者暂时忘却其肉体的存在，进入精神盛宴的狂欢之中。雅克·德里达曾说："当对一个映像的最初感觉跟再现之结构发生关系时，我们就开始进入充满幻影的王国。"现代美学与文艺心理学曾经对这种在场与不在场的艺术映像进行探寻，这为今日的数字媒体互动艺术美学提供了借鉴，而在场与不在场的审美关系对美学的建设有着同样的价值。尽管参与者的个人生活经历与情感有所差异，感官体验对作品的反应的强烈程度也有所不同，但无论是哪种情况，参与者的感受都是数字化的真实，这种真实强调美的瞬间的体验。压缩的时空、超现实的梦境体验让人感觉真实与虚拟之间的界限已经不再重要，重要的是体验与感受。

思考与研讨题

1. 德勒兹的“块茎”思维是什么？
2. 德勒兹“块茎”思维的六大特征是什么？
3. 新媒介环境对人的感知方式有哪些改变？
4. 德勒兹的“超媒体”“超文本”的含义是什么？
5. 德勒兹的理论对数字媒体艺术创作有何影响？

第十二章 网络社会的形成与全球化带来的权力转移

本章要点

卡斯特尔说：在我们的生活中，权力仍是人类最不了解却最重要的一环。我们正处于“权力移转期”。眼前的世界正在进行解构，取而代之的是一个完全不同于以往的新权力结构，而且这种权力转移正在社会各个阶层展开。在办公室、超级市场、银行、教室、医院、学校和家庭里，旧的权力形式正依照新的轨道重新进行分配。如今，传播领域，包括在新技术环境中的新媒体和传播的横向网路，是权力关系得以展开的场域。传播是我们这个世界政治运作的中心。

权力在网络社会中呈现出一种弥散的状态。新的权力存在于信息编码、图像及其社会认同中。作为一种历史趋势，在信息时代，其支配性功能与过程日益以网络组织起来。网络建构了我们社会的新社会形态，而网络化逻辑的扩散实质地改变了生产、经验、权力与文化过程中的操作和结果。网络化逻辑会导致较高层级的社会决定作用甚至经由网络表现出来的特殊社会利益，流动的权力优于权力的流动。“在网络中现身或缺席，以及每个网络相对于其他网络的动态关系，都是我们社会中支配与变迁的关键根源。”卡斯特称这种社会为“网络社会”。卡斯特尔的网络社会既是一种新的社会形态，也是一种新的社会模式。

在21世纪的头几年，托马斯·弗里德曼（后文简称“托马斯”）撰写的一本名叫《世界是平的》的书畅销中国，掀起了一阵“平”的热风，书中分析了21世纪初期全球化的过程，“世界正被抹平”，这是个人与企业透过全球化过程得到权力的过程。

图 12-1 《世界是平的》

全球化是上世纪80年代以来在世界范围内日益凸显的一个现象，托马斯将全球化称作复杂的联结，即全球化是一种快速发展、不断密集的相互联系和相互依存的网络系统。科技、通讯技术的发展使得人们从大众媒体的单向传播进入到用新媒体的双向交流，乃至信息无所不在的生存环境中，而快速交通的发展则使人们踏遍全球各地。这两种不同的传播方式压缩了时空及人类的衡量尺度。在上世纪60年代，麦克卢汉如同痴人说梦般宣称城市不复存在，唯有吸引游客的文化幽灵。任何公路边的小饭店加上它的电视、报纸和杂志，都可以和纽约、巴黎一样，具有天下在此的国际性。现在，地球村已经成为现实。

社会学家卡斯特尔在谈到自己为何进入传播研究领域时说：在我们的生活中，权力仍是人类最不了解但却最重要的一环，特别是对于我们这一代的人，因为我们正处于“权力移转期”。眼前的世界正在进行解构，取而代之的是一个完全不同于以往的新权力结构，而且这种权力转移正在社会各个阶层展开。在办公室、超级市场、银行、教室、医院、学校和家庭里，旧的权力形式正依照新的轨道重新进行分配。卡斯特尔对当下权力和信息传播技术的关系表现出了高度的关注：“在我的学术历程中有一个贯穿始终的核心命题：对构成社会基石的权力关系的研究。在我研究都市化时，都市问题对于

图 12-2 卡斯特尔(1942—)

新的政府政策和新的社会运动如何形成至关重要。如今，传播领域——包括在新技术环境中的新媒体和传播的横向网路——是权力关系得以展开的场域。传播是我们这个世界政治运作的中心，因此，在过去 10 年，我决定进入这个领域。这个决定反映了我一以贯之的思路。”①

一、社会结构在流动中的权力

新媒介环境和网络社会事实上已经存在，在社会历史的剧变中，转化的过程才是关键。但这种联系和转化如何发生、在哪些层面发生却是值得研究的问题。

权力转移是一种常态。技术乐观主义者的观点认为，处于权力劣势位置的社会主体将因为技术赋权的作用而获得上升的机会，而悲观主义者则强调既有的权力不均衡在技术的帮助下将愈发扩大。这两种技术决定论都忽略了社会主体在权力博弈中的主动策略。因此，权力的转移一方面是在技术提供的机会中发生的；另一方面则是在社会主体的理性算计中发生的。权力是基于实体基础、在相互作用的关系中产生的，因此无论两种过程的结果如何，权力的转移和流动都要遵从实体的逻辑和关系的逻辑。网络社会最显著的特征是关系调整的加速和扩大，这种调整的速度和范围超越了以往所有的社会形态，而权力的实体来源则没有发生太大的改变。因此，在权力转移的过程中，关系的逻辑更为凸显。当下社会是围绕着信息传播技术组织起来的，社会关系也围绕着信息传播技术发生改变，而社会关系中则包含着权力关系。因此，采取积极策略的社会主体在信息传播关系中，在技术的帮助下主导了权力关系，在并未发生实质改变的权力实体来源基础之上推动了权力的转移。具备自主性、拥有流动的权力的信息传播关系也由此获得了权力场域的中心位置，成为权力集中生产、交换和消费的流动空间和博弈场所。

社会结构的重构在加速的流动中被消解，因而再也无法形成任何无论是等

---

① 《卡斯特尔访谈录》，载《传播与社会学刊》，此刊由香港中文大学传播中心和香港浸会大学媒介与传播研究中心创办于 2006 年 12 月。

级的还是平面(网络)的结构,社会结构自身遵从了流动的逻辑,成为一种开放的变化过程,在这种过程中,只有不同主体对权力的争夺和支配,而不再会有一种明确的形式。

二、媒介环境作为符号环境、感知环境和社会环境

媒介指那些延伸人类器官的所有工具、技术和活动,它的范围广泛;同时媒介即是讯息,一种媒介的出现会导致社会中产生新的行为标准和方式;媒介(技术)创造了新的环境,而环境又极大地影响着人们的生活和思维方式;媒介之间是互相关联的,一种媒介注定是另一种媒介的内容。

媒介环境是多伦多学派和纽约学派共同关注的领域,作为媒介研究的领域之一,媒介环境学把环境当作媒介来研究,因此,媒介环境具有三个层次的含义:作为符号环境的媒介、作为感知环境的媒介和作为社会环境的媒介。

媒介不仅仅是中介,而且还是社会行动者所处环境形成、变化和发生影响的一个重要变量。其中包括了几个前提:第一,媒介使得社会行动者之间的互动关系成为可能;第二,媒介的变革会影响社会行动者之间关系的性质;第三,媒介的变革是以一种革命的方式进行的,对社会的影响和社会自身的变化是渐进式的;第四,媒介是社会关系组织、运作、交换的场所。

新媒介环境是由新的信息传播技术及其应用形成的符号、感知和社会环境。有别于旧的媒介环境,新的信息传播技术由电子、微电子技术和通信技术构成。

1.新的媒介传播方式打破了时空的偏向

新的媒介传播方式打破了时间和空间的限制,形成了真正意义上的媒介革命。自 20 世纪中叶以来形成发展成熟的信息传播技术,将信息的传播基础建立在现代数理逻辑和微电子学的基础之上,信息的表达方式以完全数字化的形式存在并以电的方式传输,形成了 0 和 1 的数字电流。按照媒介偏向理论,以现代 ICT 技术为基础的现代媒介完全不再具有时间和空间的偏向,媒介信息可以光速传播,在地球的范围内,空间距离几乎可以忽略不计。

2. 新的媒介传播方式具有互动性

新的媒介传播方式以互联网等形态的互动网络为基础。《定位》的作者阿尔·里斯指出:"互联网是第一个完全受个体控制的大众传媒。"互联网从诞生之日起就以互动性为其最基本的特征。互联网的目的就是将不同的人和终端互相连接起来,否则便称不上互联网。

3. 传播信息容量大、易保存

1952 年,IBM 推出第一台磁带机 726,它使人类正式告别了用打孔机存储数据的方式。1962 年,激光二极管的发明奠定了光读写的基础。于是,上世纪 60 年代至 70 年代早期,掀起了一股以增加功能、缩短服务时间、减少设备占地面积以及简化磁带通路为目的的热潮。1970 年,IBM 发明的软盘成为便携式存储的中流砥柱。上世纪末,虚拟磁带服务器的开发极大地提高了数据共享能力和磁带的效率。而世界上最小最轻的硬盘驱动器则为移动存储的发展奠定了坚实的基础。

4. 信息的经济性和易获得性

信息存储技术实现了信息的永久性保存,而寻找所需信息的需求则催生了信息检索技术。国际影印复制权协会联合会(IFFRO)董事、澳大利亚版权代理有限公司首席执行官吉姆·亚力克山大(Jim Alexander)在接受专访时说:"如果你遇到某个问题需要从远在英国的剑桥大学图书馆借阅一本只有那儿才有的绝版书,这在过去是不太可能办到的,但如果谷歌的计划成功,这只是和打开电脑一样那么简单。"①

但这只是部分概括了新媒介环境所具有的特征,因为从时间的连续性来说,媒介环境的更新过程一直在进行之中。并不是说新的媒介产生之后便完全剔除了旧媒介在社会生活中的作用,旧有的媒介通过与新媒介之间的嫁接与融合而更新换代。这一个过程被称作媒介融合:报刊、广播电视、互联网所依赖的

① 来源自《每日经济新闻》2009 年 10 月 29 日对吉姆艾力克山大的专访。原文标题:《谷歌数字图书馆:在妥协中坚持》,链接:http://www.hbd.com.cn/articles/2009-10-29/249443.html。

技术越来越具有驱动力，以信息技术为中介，以卫星、电缆、计算机技术等为传输手段，数字技术改变了获得数据、现象和语言三种基本信息的时间、空间及成本，各种信息在同一个平台上得到整合，不同形式的媒介之间的互换性与互联性得到加强，媒介一体化的趋势日趋明显。而这个过程仍旧在进行中，已经显露出来的变化体现在信息传播的组织、内容、终端和渠道之中，但这还不是媒介透过"四元律"产生的社会后果的重点所在。

重点在于信息传播技术在社会中产生的整体后果。媒介融合的过程和结果使得媒介环境更加复杂，但媒介环境产生的社会特征依旧有迹可循。

新媒介环境的影响后果包括了几层不可分割的内容：第一是新的媒介技术造就了新的感知环境；第二是由符号、信息流动所形成的表征系统发生了变化；第三是空间和时间尺度发生了改变，社会交往形式以新的尺度建立起来；第四是社会关系发生了全方位的重新调整；第五是信息传播成为社会动力的重要来源。新的信息传播技术带来了社会对大众传播的质疑。

三、媒介延伸出大众意识

这是麦克卢汉对新媒介环境最深刻、形象的理解。传播媒介是人类感官的延伸，媒介的变化改变的是人的感官接触世界的方式。这意味着从个体出发，媒介变化所带来的主观世界是不一样的。在感知周围关系、事物、环境等正在发生的一系列的改变的同时，人类的感官也随之一起发生着全方位和深层次的改变，麦克卢汉凭借超乎平常的感受力发现了技术对人体的延伸。

新的电子技术用以拥抱全球的方式使我们的感觉和神经得以延伸，它对语言的未来蕴含着巨大的意义。电子技术不需要语言，正如数字型电子计算机不需要数字一样。电能指向意识延伸的道路——在全球的范围内无需任何言语的道路。这样的集体知觉状态很可能是人类语言出现之前的状态。作为人的延伸的语言，其分割和分离的功能是众所周知的，这一功能很可能是人借已登上九重天的巴别塔之功能。

麦克卢汉凸显了媒介的人性层面，麦克卢汉之前的时代是以文字、印刷品进行传播的时代，技术的发展使得这种机械、分割的传统思维转变成为整体的、有机的思维。麦克卢汉将电子媒介作为人的中枢神经的延伸，使得社会行动者之间的关系变得更加密切。在很大程度上被忽略掉的这种整体、有机和学科交叉的思维，恰恰是电子技术所造就的新社会环境所需要的。

符号、信息流动所形成的表征系统发生了变化，能指的流动解放了符号与现实之间的依附关系，意义和真实淹没在消费主义的喧嚣之下。符号在传递中制造、撒播、消解意义，导致意义虚无缥缈，真实观被摧毁。以前，人们总相信媒介是现实的再现和反映。而现在，媒介正在构造超真实，一个让真实从属于拟像的社会，媒介就是现实本身。媒介世界根本就是一个幻觉的世界，所谓“真实”的世界同样也是一个意义退场的完美罪行。符号成了消费的对象，同时也制造着消费的冲动。媒介迎合大众，批量生产出符合他们的口味、兴趣、幻想和生活方式的商品，产生出大众意识和媒介幻觉。波德里亚认为，当代的人类只想要景观、消遣、娱乐和逃避，既不能也不愿生产意义。电视被阐释为这样一种媒介：它不传达任何意义，它令人着迷，它只是一个屏幕，或一个可以直接在你的头脑中找到的小型化终端——你就是屏幕，而电视正在看你。电视使所有的神经元晶体管化，并像一盘有魔力的录像带一样播放——一盘录像带而不是一个形象。

四、时空改变带来不断融合生成

麦克卢汉说：“凭借分解切割的、机械的技术，西方世界取得了三千年的爆炸性增长。现在它正在经历内向的爆炸。在机械时代，我们完成了身体在空间范围内的延伸，以至于能拥抱全球。就我们这个行星而言，时间差异和空间差异已不复存在。我们正在迅速逼近人类延伸的最后一个阶段——从技术上模拟意识的阶段。在这个阶段，创造性的认识过程将会在群体中和在总体上得到延伸，并进入人类社会的一切领域，正像我们的感觉器官和神经系统凭借各种媒介而得以延伸一样。”①

按照麦克卢汉和波德里亚的看法，人类正在迅速逼近人类延伸的最后一个阶段——从技术上模拟意识的阶段。“自电报开始，一系列发明超越空间的限

① 〔加〕马歇尔·麦克卢汉：《理解媒介——论人的延伸》，何道宽译，译林出版社2011年版，序言。

制，减少了传播与接收之间的时间差。首先是电报，然后是电话，接下来是无线电报，无线电话，最后是电视。因此，在机械装置的帮助下，传播眼下正在回归它初期那种人与人之间的即刻反应。”[①]信息传播技术，尤其是互联网的诞生，使得这种回归成为事实。内爆使地理意义上的距离变近，甚至消失，人具有了拥抱地球的能力，地球变为“地球村”。内爆导致模拟时代的到来，因为电子时代媒介的强大制造和传播功能使得整个社会被媒介的信息所笼罩，这表明真实已经成为过去，统治世界的是“仿像”，对真实的模拟开始成为人类的意识的“超真实”，成为人们认识事物所依赖的基础。外爆是一种现代性过程，指商品生产、科学技术、国家疆界、资本等的不断扩张，以及社会、话语和价值的不断分化；内爆则是消除所有界限、地域区隔或差异的后现代性过程。边界之间出现了断裂，现代社会所确立的种种边界消失：仿像和现实，信息、政治和娱乐，高雅和通俗等之间的边界被取消。区隔的打破也反映了权力格局的变革。

五、信息传播成为社会变化的重要动因

信息传播成为社会变化的重要动因，政治、经济、文化、军事等不同社会部门围绕着信息传播组织起来，是新媒介环境的最重要特征。

信息传播技术，连同物质交通的技术发展压缩了心理和现实的空间，疏离和聚合两种关系趋势同时发生着变化。人、信息及物理存在之间的流动可能性较之以往的社会更大。手机、互联网等信息传播技术改变了心理距离的尺度，使得远距离的情感交流成为可能。技术的便利也促使了更多流动的欲望产生。当偏远的地区通过信息传播同遥远的他处连接起来的时候，犹如欧洲航海时代开拓者返航带回美好新世界的消息一般，人类对未知世界的探索欲望便被激发出来，社会主体间关系的强弱程度及形式同时也被调整。关系的重新调整是新媒介环境中最重要的一种变化，这种变化从改变人自身的属性开始延伸至整个社会。

获取信息是行动的基础，信息是组织中最重要的资源之一。管理者如果对某些事物需被何人了解及在何处使其获得所需信息做出了错误决策，往往就会

① 〔加〕马歇尔・麦克卢汉：《理解媒介——论人的延伸》，何道宽译，译林出版社 2011 年版，序言。

导致分配制度的失败。在传统的社会组织结构中，获取信息依靠的是结构化、等级化的信息传播方式，这同时也是保持社会权力结构的一种方式。而在新媒介环境中，信息传播技术的快速发展和扩散，信息传播技术的成本与知识门槛的降低，给社会不同层次和部门的人提供了均等的信息传播机会，信息传播结构呈现的立体化形态改写了社会不同部门的组织方式。新的组织形式不再以等级为基本特征，而是随着信息传播的形态呈立体化发展，政治运作方式、经济生产和消费方式、知识存储和扩散、军事强权斗争的形式在信息的立体化流动中得到协调。

六、新媒介环境是网络社会的结构形态

网络不是21世纪才有的事物，而是人类组织的一个基本形态，是人类生活的一种基本形态，哪里有生命，哪里就有网络。但用“网络”一词来形容社会形态还是最近的事情。网络社会的形态特征就是网络，传统的机构、组织都在发生变化，但始终潜在的网络性的特征由于传播技术的发展而凸显出来，成为这个时代最显著的特点。

在一切社会组织中都存在着一种网状结构，个体在其中编织主要关系，比如家族的、种族的、经济的、职业的、社会的、宗教的或政治的关系。而在信息革命的背景下，新的组织形式建立起来，它不再依据传统决策的空间和顶层集中性的原则。传统的垂直等级被越来越多的横向关系所取代，这种横向关系往往跨越阶层、跨越国界。网络的普及并不意味着不管是在发达国家还是在不发达国家，世界各地的人们都能平等地进入网络、参与网络。恰恰相反，人们发现，由于国际投资、过境中转或金融交易的作用，各个庞大的网络组成了地方性的“结”，这些“结”与东京、伦敦和纽约等“全球性城市”的城市新现实不可分割，主要在它们之间发展互动关系。

根据以往的研究，如何定义网络社会，学者们常常把它同一些相似的表述相交叉，比如信息社会、数字化社会、赛博社会、虚拟社会等。这些相似概念的提出，都是为了掌握当代以信息传播技术（ICT）为特征的社会信息化的主要特征。一般来说，基于对社会空间概念的不同理解，分别从较宽泛和更为限制的

定义出发，网络社会有两种表述方法：作为现实空间一种新社会结构形态的网络社会(network society)和基于互联网架构的电脑网络空间(cyber space)的网络社会(cyber society)。本文所指的网络社会是前一种。

七、权力的流动状态

权力在网络社会呈现的是一种弥散的状态，新的权力存在于信息编码、图像及其社会认同中。卡斯特尔称这种社会为“网络社会”。卡斯特尔的网络社会既是一种新的社会形态，也是一种新的社会模式。

卡斯特尔提出网络社会概念的背景是信息技术的革命、资本主义经济危机和共产主义国家的危机、新社会运动的蓬勃发展(如环境和女权主义运动)，这三种社会过程形成了一种新的社会结构(网络社会)、新经济(全球信息经济)和新文化(真实的虚拟)。流动性成为当下社会的显著特征，网络的流动性力量作为一种社会动因越来越重要，其本质是权力的流动。缺乏活力和能量的网络往往被强势的、具有权力的网络所支配。网络的逻辑是其自身的扩张性，这种逻辑使社会和经济的所有领域得到改观。一种新的技术—经济范式出现了，这种新范式有五个特征：信息成为新的原材料、信息技术被普遍采用、联网逻辑、灵活性以及技术融合。这些都是信息的生产传播成为生产力和权力的基本来源所具有的特征。

网络由一组相互连接的节点构成，而节点依赖于我们所讲的具体网络的类别(卡斯特尔，1996)。在全球金融流网络中，它们是股票交易市场及其附属的先进服务中心；在欧盟管制的政治网络中，它们是国家的内阁和欧洲的官员；在信息时代的全球媒体网络中，它们是电视系统、新闻报道组以及生产、传输、接收信号的装置等。卡斯特尔还说，由网络所界定的地志学所决定的两点(或社会地位)之间的距离(或互动的频繁度)，如果两点是在同一个网络中的节点，那这个节点就会比不属于同一网络中的节点小。此外，在一个特定的网络内，节点之间的流动没有任何距离或是相同的距离。这样，对于特定点或特定地位来说，其距离(物理的、社会的、经济的、文化的)将在零(对于在同一网络中的节点)和无穷大(对于任何网络外部的点)之间变化。由以光速运行的信息技术所规定的网络中内在的和外在的以及网络间的关系的建构，构成了我们社会中占支配地位的过程和功能。网络是一个可以无限扩展的系统，在网络中，所有的节点只要有共同的信息编码（包括共同的价值观和共同的成就目标），就能实现联通，构成网络社会。卡斯特尔认为，从现在开始的社会就是一个由各种节点通过网络联接而成的网络社会。

网络社会具有不同于以往农业和工业社会等社会形态的独特之处：

第一，网络社会催生了信息精神主义，这种信息精神主义将信息、知识作为社会变革的主要基础和支配力量。网络根植于信息和信息技术，而信息和信息技术衍生出信息主义。信息主义已经成为当代社会的普遍范式，它使资本主义社会重构，形成信息资本主义。

第二，新的社会空间和时间形成，产生了流动空间和无时间之时间。时间和空间的这种变化，不是别的事物在起作用，而是信息技术在起作用。卡斯特尔敏感地触摸到了这个时代的变革基础，他发现莱布尼兹的时空观念对于解释网络社会的变化很有帮助，时间乃是"事物"的先后顺序，因此，没有"事物"就没有时间。无时间之时间来源于空间的压缩，无时间的时间产生于某个既定脉络——信息化范式和网络社会的特征，导致在该脉络里运作之现象的序列发生系统性扰乱。这些扰乱可能采取的形式是：压缩各种现象的发生，指向立即的瞬间，或者在序列中引入随机的不连续性。序列的消除创造了未分化的时间：比秒还短暂的资本交易、弹性时间企业、可变的生涯工作时间以及生命周期的模糊化。通过否定死亡而寻找永恒、瞬间的战争，以及虚拟时间的文化。这些都是基本现象，是网络社会的特征。但他怀疑这种特征的描述并未指涉人类经验的一切时间。无时间之时间属于流动空间，而时间纪律、生物时间以及由社会决定的序列，则是全球地方的特征，在物质层面结构与解构着我们片段化的社会。流动空间（space of flows）和无时间之时间（timeless time）成为新文化的物质基础。

第三，信息城市出现。信息流空间正逐渐取代城市空间。信息流空间也具有一个特殊的结构，即网络。在信息流空间中，新的产业和新的服务性经济根据信息部门带来的动力运行，然后借由信息交流系统来重新组合。由于信息没有空间特征，信息技术便使得地理摩擦几乎为零。因此，世界经济当然会由地方空间转向流动空间。

第四，新的社会认同浮现。卡斯特尔讨论了社会认同从瓦解到新生的分化与整合过程。进入信息时代，工业时代的社会机制开始失去其意义和功能，财富、生产及金融的国际化使人们普遍感到不安，人们无法适应企业的网络化和工作的个体化，况且又受到就业压力的挑战；大教堂的逐步世俗化使其失去了大部分功能，它们不再能提供心灵的慰藉和真实而神圣的东西；家长制家庭的危机也使文化的传承失去了有序性。这时，个人不再有安全感，因而人们只有另择途径去寻求新的生活方式。在这个时代里，人们的认同感普遍缺乏，他们不再把社会看作一个有意义的社会系统。面对普遍的身份认同的焦虑，网络化却有助于削弱人们对认同感的抵制，有助于社会机制的重建。

第五，真实虚拟的文化。目前的一切沟通模式（从印刷到多媒体）都被电子整合为新的沟通系统，其历史特殊性并非是诱发虚拟实境（virtual reality），反而是建构“真实虚拟”（real virturality）。在这个系统里，现实本身（亦即人们的物质与象征存在）完全陷入且浸淫于虚拟意象的情境之中，那是个“假装”（make believe）的世界，在其中，表象不仅出现于屏幕上以便沟通经验，而且它本身也成了经验。新社会中的所有信息均以一种二元模式运作：在多媒体沟通系统中“出现”或“缺席”，以电子为基础的沟通（印刷、视听或电脑中介）才是沟通。这种情况一方面大幅度削弱了传统上外在于该系统的发送者的象征权力，除非他们在新系统中为自己重新编码；另一方面则彻底改变了人类生活的基本向度：时间和空间。

要深刻地了解知识社会和信息社会，首先要理解整个社会核心资源的运转。正如农业社会向工业社会的转变，资本和能源代替了土地和牲畜而成为核心资源，建立在这种资本和能源基础上的机构也因此成为整个社会的核心机构，那就是银行、石油公司、矿厂等。随着工业社会向知识社会的转变，编码化的信息和知识替代资本和能源而成为整个社会的核心资源，因此与之相适应，整个社会的意识形态、管理机构、商业运作都会发生改变。网络社会中，权力不再集中于机构（国家）、组织（资本主义企业）或者象征符号的控制者（媒介集团、教会)，而是呈现出一种弥散的状态，但并未消失。新的权力存在于由意志所建构的信息编码、图像及其社会认同中。卡斯特尔提出了三个高度相关的论题：网状系统（net）和自我（self）的对置、由这种分裂带来的矛盾和分歧、分裂导致的整个社会中人、社区、经济和国家中的包容和排斥及扩大的社会、信息不平等。流动的空间和时间造成了“真实的虚拟文化”。

卡斯特尔未能注意到流动本身作为一种权力的维度。网络社会的权力的维度之一就是流动而非主体的能力，也不是资源，这种权力是解构的力量。对于解构来说，建构面对的是更大的困难。建构认同、限制与控制、稳定的结构成为历史的遗迹。不可否认，虽然宗教还在顽固地对人们的心灵产生影响，但这种影响在流动的冲刷之下已然式微。在新的社会中，认同的作用和机制已经枯竭，所谓三种层面的权力（Lukes，2005），包括新的宗教或心灵捕获术，再也不能由某一些社会主体有计划地建构起来。社会和生命重新回到了麦克卢汉的“重新部落化”的阶段，流动是权力，控制流动是驯服权力而非是权力本身。

八、社会网络化：流动性是现代社会生活的核心

社会的网络化指的是社会时空改变的过程和后果。时间和空间是两个互相紧密联系的概念，社会的网络化是在最近一次信息传播技术革命之后出现的重大变化，主要体现在社会关系的变化以及群体形态的变化以及这些社会关系在时间序列中的流动上。社会的网络化不仅仅发生在空间里的关系变化之中，也发生在时间序列的变化中。流动，目前仍是一个未被重视的领域。

网络化是一种形象的比喻，网络指的是社会中不同节点之间的相互关系形成的一种状态，这些节点可以是人、组织，如果分析需要，还可以加入客观存在的非人对象，比如计算机、手机等。这种网络不是纯技术意义上的网络，如互联网；而是一种描述连接的方法，它强调互动、流动、变化的过程。

社会网络化具有如下空间和时间特征：

- 无中心和边缘（没有一个节点可以成为中心节点，所有节点以开放的网络状态连接在一起）；

● 纵向和横向的距离压缩(平面化);

● 流动(信息、人等在网络中流动,而网络自身也处于一种流动状态,空间的流动);

● 周期压缩(无历史和较短的历史);

● 非线性断裂(无历史);

● 不稳定状态(流动);

● 加速(流动以加速的形式进行)。

社会网络化还有其他向度,例如文化、经济、组织等特征。从最基本的层面看,空间和时间特征已经概括了社会网络化的全部,而其他向度只是对这两个原点的展开。在社会网络化的过程中,有两个维度构成了社会网络化最重要的组成部分,那就是关系和流动性。关系是社会网络化的空间维度,流动是社会网络化的时间维度。社会的网络化是一个过程也是一个后果,但本书的论述对象是权力的变化,因而不对网络化的过程进行描述而着重阐述网络化的特征。社会网络化的起点是技术的作用,对象是社会关系,流动既是后果也是动力。

流动性的丰富而深刻的意涵在当代一些社会理论家的著作里得到了深入的阐述。鲍曼直言,流动的现代性的到来已是无须争辩的事实,时空关系已变成流程性(processual)的、不定的和动态的,而不再是预先注定的和静态的,偶然性和意想不到在统治着这个迷宫,而这又标志着纯粹理性(pure reason)的失败(鲍曼,2002)。流动性已经成为现代社会的一个重要特征,并且是当代社会科学中最为主要的概念之一。厄里则不止一次地指出,流动性是现代社会生活的核心,因此必须成为社会学研究的中心。而在卡斯特尔的"网络社会"中,流动性更是起到了一种支配性的作用。我们的社会是环绕着流动而建构起来的:资本流动、信息流动、技术流动、组织性互动的流动、影像、声音和象征的流动。流动不仅是社会组织力的一个要素,而且是支配我们的经济、政治与象征生活之过程的表现。

流动性大体上包含两个层面的含义:一是凭借各种交通技术在时空中实现的"身体流动";一是借助传播媒介(包括电视、报纸、互联网)而实现的"信息流动"。事实上,社会流动在很大程度上是与"身体流动"联系在一起的。身体在时空中的流动不仅为职业和社会地位的流动提供了可能性和基本前提，而且这种流动能力本身也是社会权力的一种表现。因而，考察社会流动，我们不应当忽略身体流动能力的重要性，而应该把身体流动能力看作一种影响人们社会流动的重要因素，将其纳入社会流动和社会分层的研究范畴中。

技术是流动性的推进剂，物体、信息、人、组织、意义、身份等的流动都离不开技术的推动。现代物流业和交通的建立和发展的基础就是交通技术的发展，高速公路和铁路、范围越来越广的航空、交通工具和产业的高速增长，都为当代的流动提供了物质和技术的保障。信息传播技术的革命促使了信息的爆炸和快速运转，人作为物质载体和关系的集合，在交通和传播技术的双重加速作用下，其意义、身份认同、社会关系、社会阶层也随之加速改变。发明创造引起的科学技术的进步和生产力的发展是社会流动的根本原因。

在技术铺就的轨道上，信息流动是其他流动的基础。"所谓流动，我指的是在社会的经济、政治与象征结构中，社会行动者所占有的物理上分离的位置之间那些有所企图的、重复的、可程式化的交换与互动序列。"卡斯特尔总结了流动空间的三个层次：

1. 流动空间的第一个物质支持，其实是由电子交换的回路（以微电子为基础的设计、电子通信、电脑处理、广播系统）以及高速运输（也是奠基于信息技术）所构成，它们共同形成了我们认为是信息社会之策略性关键过程的物质基础。

2. 流动空间的第二个层次，由其节点与核心所构成。

3. 流动空间的第三个重要层次，是占支配地位的管理精英（而非阶级）的空间组织。

这三个流动空间具有逻辑上的先后顺序，信息的流动是基础，在此基础之上，无论是资本、组织还是其他社会组成部分构成的关系网络构成流动空间的第二层次，第三个层次则指出了社会中阶层之间流动的重要性。从卡斯特尔的这种表述方式中可以看出，他对于最终的社会阶层流动的关注是他阐述流动特征的旨归。

社会关系、社会阶层流动是后果。社会流动指的是一个社会成员或社会群体从一个社会阶级或阶层向另一个社会阶级或阶层，从一种社会地位向另一种社会地位，从一种职业向另一种职业转变的过程，它是社会结构自我调节的机制之一。社会流动包括了垂直流动和水平流动、个体一生中的流动和代际流动、自由流动和结构性流动等内容。其中社会流动的垂直和水平运动对于权力格局的变化有直接的影响力。传统的社会学研究认为，社会流动在现代社会要比在现代以前的社会剧烈得多，在城市社会要比在农村社会剧烈得多。在发达的工业化社会中，纯粹流动的倾向有所增加，这是人们共同确认的。此外，在流动性强、开放性大的现代社会中，社会流动要比它在一般比较固定的、闭关自守的、现代以前的社会中更活跃。

新的媒介环境中另一个重要的特征是意义和身份的流动。波德里亚用“能指的漂浮”概括了媒介信息充斥人们感官的状态中意义被消解的原理。

生活方式、消费实践和价值认同是个人多重身份归属的综合效应，因而，人们参与其中的文化“永远是无法单一化的多元形式”，人们的身份认同是“变化的和不稳定的”，“身份的边界是不确定的”，而且也是“难以预测的”。

流动的后果是对整体、逻辑、线性、历史进化的幻觉的破除。放弃对整体的所有希望，未来就像过去一样，你就进入了这个流动的现代性的世界。像古老雕塑的碎片一样，我们只是在等待最后一个碎片被找到，以便我们把所有的碎片黏合在一起，创造一个与最初的整体完全相同的整体。我们不再相信这个碎片存在的神话，我们也不再相信曾经存在一个最早的整体，不再相信最后会有一个整体在未来的某一天等着我们。

思考与研讨题

1. 媒介环境包括哪些方面？

2. 新媒介环境的技术特征是什么？

3. 网络社会的时间模式有何特征？

4. 如何理解新媒介环境就是网络社会，是作为现实空间一种新的社会结构形态？

5. 如何理解卡斯特尔的网络社会中的“权力转移”和“权力流动”？

第十三章　媒体技术创造数字化虚拟世界

本章要点

新媒介环境是由新的信息传播技术及其应用形成的符号、感知和社会环境。区别于旧的媒介环境，新的信息传播技术由电子、微电子技术和通信技术构成特征，在人类传播的历史上，每一次技术革新都对旧有的传播进行了改造。在最近的一次新媒介技术产生之前，单向的大众传播和双向的人际传播之间存在着明确的界限，电子技术的产生打破了各种不同类型的传播之间的界限，以往集中于机构的有组织的传播活动被个体的无组织的双向传播冲击，媒介“把关”的历史被改写。受众从消费者成为消费的生产者，在消费信息的同时生产利润和身份意义，传播机构之间的纵向和横向融合改变了媒介的生态系统。新媒体正在改变人们的生活并创造一种新型的生活。

新信息传播技术的作用延伸到社会的每一个角落，压缩了社会的物理和心理时空，创造了新的社会关系为“解放”提供了可能性。新的信息传播技术所具有的速度特征为信息传播的广度提供了机会，如果不是渠道的缺乏和人为的阻塞和控制，信息完全可以快速地传输到每个个体。

“身体的延伸”也就着重强调了这样一种过程，直到电子媒介产生之后，媒介已经完成了“身体的延伸”，人类依靠身体的感官与世界发生联系，与他者之间进行互动，当身体的所有感官被技术延伸之后，新的社会关系就可能产生，而这种新的社会关系是建立在媒介中介的基础之上的。

一、媒体融合改变了传播版图

新媒介环境是由新的信息传播技术及其应用形成的符号、感知和社会环境。区别于旧的媒介环境，新的信息传播技术由电子、微电子技术和通信技术构成其特征，在人类传播的历史上，每一次技术革新都对旧有的传播进行了改造。在最近的一次新媒介技术产生之前，单向的大众传播和双向的人际传播之间存在着明确的界限，电子技术产生打破了各种不同类型的传播之间的界限，以往集中于机构的有组织的传播活动被个体的无组织的双向传播冲击，媒介“把关”的历史被改写。受众从消费者成为消费的生产者，在消费信息的同时生产利润和身份意义，传播机构之间的纵向和横向融合，有目的的信息传播和无目的的符号消费同时存在。新信息技术的扩散和信息量的增加遵循指数规律，信息容量的快速扩大促使信息成为网状结构并降低了信息和传播机构的重要性，信息的可控性和可信度遭到严峻挑战。私人传播领域与公共传播领域之间的界限被打破，个体隐私和公共事务交织出现在同一个媒体中，媒体作为社会服务的功能被弱化，而自身在经济中的生产、组织者角色被强化，媒介文化产业成为新型的经济部门。信息鸿沟成为地区和社会平等的重要议题，信息发布的自由度空前提高，对信息的价值判断和对其过滤与控制的要求也随之而来，控制与反控制进行着激烈的博弈。

新信息传播技术的作用延伸到社会的每一个角落，压缩了社会的物理和心理时空，创造了新的社会关系，为“解放”提供了可能性。新的信息传播技术所具有的速度特征为信息传播的广度提供了机会，如果不是因为渠道的缺乏和人为的阻塞和控制，信息完全可以快速地传输到每个个体。在口语传播时代，受声音传播速率的影响，传播只能在小范围的空间内进行，即使到了印刷术诞生和纸张流行的时代，受制于载体的物质特性，信息传播也只能在较大范围的空间里进行。而新的信息传播技术则不同，以光速流动的信息编码立刻突破了空间的限制，信息的传播者不必再像以往一样需要经过较长时间的等待，而是立即就能获得回应。“天涯共此时”这句中国古代的诗句便是形容这种心理时空被压缩的最形象代表。

“解放”的字面意思是指从某种阻碍和阻挠运动的羁绊中获得自由，是指开始感觉到运动或行动的自由。从远古时代工具的产生解放了人的身体开始，技术一直扮演着一种解放者的角色。“身体的延伸”也着重强调了这样一种过程，直到电子媒介产生之后，媒介已经完成了“身体的延伸”，人类依靠身体的感官与世界发生联系，与他者之间进行互动，当身体的所有感官被技术延伸之后，新的社会关系就可能产生，而这种新的社会关系是建立在媒介中介的基础之上的。

二、关于技术与媒介的观念

人们一般认为，技术是人类改造自然、创造人造物的方法与手段，人利用一定的动力，借助工具加工材料使之变成有用的物品，这就是人类的技术活动。因此，技术具有两种属性：自然属性和社会属性。技术既是人与自然之间物质、信息和能量的交换过程，也是由人创造并由人来掌握、控制和使用的。

技术及其对人类的作用这一问题是很多西方思想家关注过的，他们的关注虽然没有成为系统的理论，但随着时间的推移，其观念在大体上有相互承接的关系。发展到今天的技术观并非建造在空中的楼阁，以下就梳理一下相关的脉络。

1. 马克思：技术是人的本质力量的对象化

马克思将技术与人的本质力量联系在了一起，为后世的技术理论研究开创了一个崭新的领域：具有人类学视野的思考。马克思思考了技术对身体器官的依赖，而身体器官感受现实的方式又反映了人不同的本质力量与存在方式。马克思建构了一个从人的感受→身体器官→技术（工业或劳动）→存在方式→异化→人的生存模式。在这一模式里，人的本质力量就凸显了出来：技术是人的本质力量的对象化。

2. 霍克海姆与阿多诺：技术作为一种工具理性

霍克海姆和阿多诺继承并发展了马克思关于技术的观念，认为技术是人的理性思维的力量，人类将自己的本质力量通过技术对象化于自然过程中，排除了原本内在于这种本质力量之中的模糊性神话思维，从而使理性成了唯一能够与自然交往的思维方式。“技术是知识的本质，它的目的不再是概念和图景，也不是偶然的认识，而是方法……人们从自然中学到的就是如何利用自然，以便全面地统治自然和他者。这是其唯一的目的。”①

3. 本雅明：技术作为意象的历史性显现

与前人相反，本雅明从精神的物质外在形式——媒介——开始倒过来考察技术在认知活动中的作用，探寻技术的本源。

> 视觉无意识与本能无意识之间存在最密切的联系，因为摄影机从现实中所摄取的各个方面大多存在于通常的感觉世界之外。电影中，视觉所触及的东西其实是在精神变态、幻觉和梦境中出现的。因此，电影摄影机的拍摄方法在很多方面都成为观众集体性感知能够借以把握精神变态者或梦境者的个人感知的那些程序了。②

在他看来，电影技术显现了深藏在大脑皮层中的人类认知活动过程，技术与认知紧紧相连。

> 只有缺乏头脑的观察者才会否定在现代的技术世界和原初的神话象征世界之间具有对应关系，存在于过去的原初历史的动量已不像原来那样被宗教和家庭的传统所掩饰——这既是技术的结果，也是技术的条件。③

4. 哈贝马斯：技术作为一种交流与沟通的过程

哈贝马斯认为马克思和法兰克福学派的早期理论家都把技术的阐释建立在人与自然的对立关系上，把技术看作是一方对另一方的征服，这曲解了技术

---

① 〔德〕马克斯·霍克海默、西奥多·阿道尔诺：《启蒙辩证法》，渠敬东、曹卫东译，上海人民出版社2006年版，第2页。

② 〔德〕瓦尔特·本雅明：《机械复制时代的艺术作品》，王才勇译，中国城市出版社2002年版，第56页。

③ 〔德〕瓦尔特·本雅明：《拱廊计划：之知识论、进步论》，载《生产·第一辑》，汪安民主编，广西师范大学出版社2004年版，第374－375页。

的本质。他认为技术是一个通过双方交流而形成的主体间性的过程，无论这样的交流产生在人与人之间，还是人与自然之间，其本质都是一种交流。

通过这种交流，技术理性蔓延扩展到整个文化意识形态，逐渐把人改变成一种符合其技术理性的工具。“人作为被制造者……同他的技术设备结为一体。”①

技术作为人的一种创造，本身既是用来针对自然界和他物的，也是用来针对人类自身的。因而，技术一方面扮演着人与自然、人与他物的一个中介；同时，技术又扮演着人与自己的身体之间的一个中介。

三、媒介传播技术是文化结构的基础

学者对于技术的思考往往围绕着对存在的思考，围绕着人与世界的关系而展开。而技术的另一个层面，就是人与人之间、人与自身之间的中介。这一层面往往通过人类交流与表达所需要的媒介传播系统而表现出来。

1. 斯图尔特·霍尔：技术是人类表征意义的工具

人类的技术活动是人类认知世界的能力的一部分。斯图尔特·霍尔认为：“所有这些实践活动都‘像语言一样运作’……因为它们都使用了某些因素去代表或表征我们想说的，去表达或传递某个思想、概念、观念或感情。口语用音响、书面语用词语、音乐语言用调性序列中的音符、身体语言用身体姿势、时装业用制装面料、面部表情用调动五官的方式、电子用数码或电子产生的荧屏上的色点、交通信号灯用红绿黄来说话。这些元素……都是我们的自然和物质世界的组成部分，但它们对语言的重要性不在于它们是什么，而在于它们做什么，在于它们的功能。它们构成并传递意义。它们意指，它们本身并不具有任何清晰的意义，不如说，它们是运载意义的工具或媒介，因为它们作为代表或表征（也就是象征）我们想要传达的意义的各种符号来起作用。”②

2. 哈罗德·伊尼斯：媒介系统技术是文化结构的基础

在自己的两部重要著作《传播的偏向》与《帝国与传播》中，加拿大传播学派

---

① 〔德〕尤尔根·哈贝马斯：《作为意识形态的技术与科学》，李黎、郭官义译，学林出版社1999年版，第64页。

② 〔英〕斯图尔特·霍尔：《表征：文化表象与意指实践》，徐亮、陆兴华译，商务印书馆2003年版，第5页。

奠基人哈罗德·伊尼斯研究了构成符号媒介系统的技术与某种特定文化结构之间的关系。他认为，技术主要折射出的是人类欲望的两个向度：生命在空间中的扩展以及在时间中的永恒。从可见的、具象化的技术框架可以逆向窥视人类神秘的心灵，因为媒介形态对社会形态、社会心理都产生了深远的影响。一种新媒介的长处将导致一种新文明的产生，传播方式对社会形态构成影响极大。[①]

所以可以说，媒介系统的技术是支撑整个文化的基础框架，是整个文化结构中的动因和塑造力量。

3.麦克卢汉：媒介是身体的延伸

如果说伊尼斯认为媒介技术的作用仅仅局限于"加速"或者"促进"一个文化结构的塑造和成型的话，麦克卢汉则将这一观点进一步夸大，以至于他被人认为是"技术决定论"者。

在伊尼斯所发现的媒介的空间向度与时间向度之外，麦克卢汉又补充了一个向度，那就是"媒介是人类身体功能的延伸"。

海德格尔和麦克卢汉都看到了信息技术和我们思维方式之间的密切联系，技术在定义"实在"中发挥着关键作用，技术在使世界内容或实体显现的无形背景的操作中起着关键作用。麦克卢汉认为："媒介即讯息，任何技术都是人体的延伸，为人创造一个新环境。这种环境总是'无形的'，而且其内容总是旧技术。旧技术经过新技术封装之后变得面目全非。"[②]我们的生存环境在技术体系无所不包的未来之中很快成为一件人工制品。

4.保罗·莱文森：技术无所不在的决定力量

受麦克卢汉的深刻影响，美国媒介理论家保罗·莱文森提出了自己的技术进化论，并对麦克卢汉的媒介技术决定理论进行了发展和批判。他认为，技术是人的智能对外部世界的整理，人将技术置入自然并改变外部世界，人的行动开始于心智，结束于物质领域。技术在模仿甚至复制人体的某些功能，任何一

---

① 〔加〕哈罗德·伊尼斯：《传播的偏向》，何道宽译，中国人民大学出版社2003年版，第28页。

② 参见〔加〕马歇尔·麦克卢汉：《理解媒介——论人的延伸》，何道宽译，译林出版社2011年版。

种新的媒介都是对过去媒介的先天功能不足的一种改进和补偿，沿着这一趋势，媒介演化越来越趋于人性化。

如果说所有的技术都是对我们自身器官功能的延伸，那么影像技术就是对人类视觉功能的延伸。眼睛是人类接受外界有效信息最多的器官，这也预示着影像对人的重要性。

四、电子新型文化成为消费的主体

今天，我们这一时代所身处的文化境况是令人迷惑不解的，快速的信息文化，通俗的时尚流行文化，大众娱乐的消费文化铺天盖地，而我们以前崇尚的高雅艺术、精英文化以及具有个性风格、品味的文化都在退隐。诗歌、画家、哲学家、作家、音乐家、史诗般的作品愈来愈少，能称得上文化和艺术大师的人微乎其微。这究竟是为什么？这里面是否深藏着不为人知的谜？

当今时代，我们文化经历了以“文字文化”为中心转向为以“视觉图像文化”为中心的时代，大众传播媒介大量的、快速的、全球空间的影像传播成为当今的主导文化。在德国文化理论家弗利德里希・基特勒看来，媒体形式的变化是人类文化变迁和发展的根本原因和基本动力。人类文化自产生以来，其形式经历了一个“具体物不断抽象化”的过程，而这种抽象化又是通过两种基本方式，即“图像”和“文字”来进行的。早期人类文化以“图像文化”的形态存在(原始人类的岩画、壁画、雕塑等，此外，象形文字的出现也是图像的简化和抽象化)。但文字，特别是印刷术产生以后，“文字文化”逐渐发展壮大，并渐渐取代图像文化，成为人类文化的核心，而图像文化则退居次要地位。这种以文字为主体的文化形态一直延续到 20 世纪初。然而，随着照相术、电影和电视的发明，这种情况渐渐发生了变化，图像文化再度兴起，并逐渐排挤文字文化，重新上升为人类文化的主要存在形式。这带来了一些以文字为基本媒介的文化形态，特别是“高雅文化艺术”的萧条衰落。在他看来，当今的文化现象只有在这一背景下，才能得到合理的解释。

这使得文化由一种高雅的思想和道德教化工具和审美形式，渐渐向“文化消费品”，向一种大众娱乐方式过渡。对于这一变化，人们不应该用传统的观念和标准来评判，因为文化的转型并不是人的主观意愿所能左右的，而有其客观的社会依据。科技发展和高科技媒体的出现及广泛运用带来的文化形态的改变应当说是历史的必然。

尼克拉斯·卢曼在《文化媒介》中探讨了四个问题：(1)技术媒体对文化存在的意义。(2)文化在媒体环境与历史中的地位及其变迁，以印刷文字形式存在的文化衰落是否意味着文化的死亡？文化媒体学把文化放在社会环境和人的生活方式嬗变的大环境中去考察，认为人类文化的进步必然带来文化存在形态的变化和发展。(3)新的媒体形式的出现和运用对人的知觉行为和方式带来的影响和变化。媒体为人提供了感知和解释世界和现实的基本方向和方式。既然显微镜和摄影术的发明赋予人以记录和分析过去无法看到的微观世界和快速运动的物体的能力，那么新的高科技媒体在文化中的运用也必将改变人在文化领域的知觉和行为方式。(4)当以印刷文字为存在方式的文化转变为以科技媒介方式存在的文本(如电影、电视、电子读物、互联网等)时，将导致怎样的结果。应当说，这一看来十分简单的转化不仅涉及材料的重新组织和文化产品的结构，还从根本上改变了文化的生产方式、接受方式和作用方式，从而带来了文化的社会功能和地位的变化。

文化的存在基础是传播媒介，文化的存在必须依靠物质手段，其传播和接受也必须通过技术手段的中介来实现。因此，人类文化的历史实际上也应理解为一部“媒介的演变和进化的历史”、一部“旧的媒介作为形式逐渐死亡，新的媒介逐渐成为形式”的历史。在古代，图像和口头语言是文化存在和传播的基本形式。然而，文字和印刷术产生并得到普遍运用之后，印刷文字取代图像和口头叙述成了文化的主要媒介形式。而在现代，电影、电视、高科技声像处理系统、多媒体电脑、互联网络、电子图像合成系统等已经成为新兴的文化媒介，逐渐排斥和取代了以文字为基础的旧的媒介形式，改变和更新着文化的生产和存在方式。所谓文化，其定义和观念并非是一成不变、僵化凝固的，而是随着文化的媒介形式的更新而不断变化的。随着时代的前进和技术手段的进步以及新的媒介手段的运用，随着文化的形态和文化产品的生产方式的不断变化和更新，人们用来衡量文化的标准也会相应发生变化。在我们这个时代，科学技术作为一种重要的文化生产力，带来了文化生产方式的变革和文化整体结构的质的变化，一种以高科技（特别是电子和信息科技）为生产和传播手段的新型文化样式正在兴起，成为社会文化和文化消费的主体。

五、技术复制：影像文化中的“非真实化”

今天，我们生活在以传媒所控制的信息社会里，我们对世界的了解，对物质和文化的消费都取决于媒体对我们的控制，尤其取决于电视媒介和新兴的网络媒体。当9·11恐怖袭击事件和伊拉克战争发生并在电视上播出后，全球同时震惊。在没有电视的时代，我们是无法想象这种全球化的共时震惊的。如果是看报纸、照片或纪录电影，你还只是认为这是一个发生在美国和伊拉克的事件，与已无关，而且，也不会每一个人都瞬间同时感受得到。可电视就不同了，它是放在自己家里的东西，它加入了你的生活，它上面出现的影像可以说是属于你的，电视使你在起居室的内部生活和遥远的外部生活之间的距离感完全消失了。这种零距离的感受是很奇特的，电视使我们感觉到全球共时地生活在一个无距离的空间里。

但有一个极其重要的问题产生了：我们眼前的视觉影像是现实的吗？视觉影像与现实本身到底是什么关系？比如：关于伊拉克战争的电视影像报道为何不一样？美国的电视新闻报道与伊拉克、法国电视台的报道为何不一样。美国电视播出的都是英美联军节节胜利的画面，而伊拉克播出的却是美英联军的惨败和伊拉克人民抗击的战果，法国大量播出的则是伊拉克平民遭遇轰炸的悲惨画面，感人泪下。

其实，摄影、电影、电视的影像只是对现实的模拟和记录，影像是可以被分切、编辑、不断复制的符号而不是现实真实本身。记录、摄影本身是真实的，可是摄像机可以伸入拍摄对象进行分切，重新组装、编码，影像按不同立场、视角、观点编排就会产生不一样的“真实”。如此一来，后现代文化中最令人迷惑的问题浮现了：对现实的“非真实感”问题。

后现代社会是一个通过媒介而建立起来的传播的社会，媒介传播具有极其重要的地位，而且传播本身也是一个极具扩张性的领域。新的传播语言取代了传统的面对面的口头传播或印刷媒介，电影中的蒙太奇手段被普泛化，这就构成了后现代独特的语言学系统。换言之，这个社会完全是按照模拟和仿像的原则建立起来的，各种符号不停地重复循环，文化不再有现代社会那种自律的发展可能性，它无法逃避模拟的控制。

技术复制作为"后现代的一个基本主题"，摆脱了原作的局限，是当代艺术和文化发展的一个重要特征，也是复制的必然后果。波德里亚从本雅明出发，构造了更加危险的后现代图景，那就是：后现代的影像生产已经彻底摆脱了原作的束缚，而这种摆脱的直接后果是影像生产不再和现实相关，毋宁说是影像自身的模拟。于是，艺术和现实传统的模仿关系丧失殆尽，后现代的人们生活在一个没有原本的影像模拟的世界中，人们关于现实和真实的看法完全受制于影像自身的逻辑。从另一个方面来看，由于复制可以独立于原作，所以，大范围、远距离的传播成为可能，这正是大众传播的基本特征。如果说在传统艺术领域，对原作的欣赏要受到时间和空间的种种制约，那么，复制导致的大批量生产和大范围传播则是对社会文化的一个巨大冲击。这个思想也成为后现代理论的一个焦点。本雅明断言：复制技术把所复制的东西从传统领域中解脱出来，由于它用众多的复制物取代了独一无二的存在，由于它使复制品能为接受者在其自身的环境中加以欣赏，因而它就赋予了所复制的对象以现实的活力。这两方面的活动导致了传统的大动荡——作为人性的现代危机，它们都与现代社会的群众运动密切相连，其最强大的代理人就是电影、电视、网络、多媒体等。

后现代主义文化正好具有这种特色。形象、照片、摄影的复制、机械性的复制以及商品的复制和大规模生产，所有这一切都是类象。所以，我们的世界，起码从文化上来说是没有任何现实感的。因为我们无法确定现实从哪里开始、在哪里结束。正是在这里，存在着后现代主义理论中最核心的道德、心理和政治的批判力量。这一理论必须探讨的不仅是艺术作品的非真实化、事物的非真实化，而且还包括形象以及可复制的形象对社会和世界的非真实化。

现代人越来越多地生活在"虚拟世界"中，摄像机的记录已将这个世界的影像符号化了、抽干了，影像将现实置换了。而我们的多媒体技术还可以用影像技术语言虚构出想象的世界，其虚构出的影像完全可以以假乱真，如电影《侏罗纪公园》和迪斯尼公园里的形象，它们中的形象、影像都是现实中没有的，使人们分不清虚拟和现实之间的差别，虚拟的影像和现实的距离完全消失。现在，一些年轻人沉迷于网络上的恋爱、结婚，常常将虚拟和现实混为一谈，这导致虚拟的世界比现实世界还真实、还有魅力。我们时代的文化已进入了一个非真实化的世界。

图 14-1 电影《侏罗纪公园》

影像的消费与传播是将事物变成事物之影像符号的过程，整个过程就是现实感的消失，影像符号与现实之间的距离感完全消失。复制、记录的影像是真实的，同时，又是抽干了现实的关系，是非真实的。影像可以无穷复制、广泛传播，影像取代了现实。影像有一套自我操演的符码，影像世界与真实世界混淆重叠、支离破碎。于是，人们在认知世界里是没有根、没有完整性感觉的，无法建立起稳固的价值观，意义也不能确立。现代人是空空的、娱乐的、消费的、非真实感的人，现代人愈来愈没有历史感的深度。

六、3D 数字影像：制造新世界

现代技术正在将人类带入一个区别于物质世界与意识世界的第三世界，这个世界如同被迅速吹大的热气球，虚拟空间不断膨胀，它正在脱离客观存在的大地，却又区别于虚幻意识的天空。人们主动或被动、自觉或不自觉地被环境裹挟着掉入这个广袤无垠的世界，如同一颗粒子脱离母体落入了宇宙。处在这个世界的人被海量的信息所淹没，被难以辨别真伪的表象所迷惑。

此时，真实又在哪里？我们面对的是否全都是幻像？

波德里亚认为："幻觉使我们陷于恐惧，而我们则以对事情表象产生的幻觉来避免恐惧。"① 人类试图使用技术去发现表象背后的真实，并以此来打消自我的恐惧。于是人类学会了生产符号，以此来表征自己所认识的世界。人类用符号和拟像取代不可知的现实，因为拟像符号是可知的，又是可以人为控制的。

人类不断学习新的技术，制造新的符号和表征体系：远古的洞穴岩画就来自于此，古老的象形文字也来自于此；风格不一的绘画来自于此，形态各异的雕塑也来自于此；摄影来自于此，电影也来自于此。事实上，近代影像技术包罗万象，人类有史以来发明的每一项重要技术几乎都融入了影像技术之中，人类在自然界能找到的所有材料、动力、控制方法，几乎都被人类用来制作过影像——3D 数字影像便是人类至今为止登峰造极的作品！

3D 数字影像绝对是人类迄今为止制造出的最为复杂的符号拟像系统。当影像从二维空间一跃而起进入 3D 阶段，客观存在的真实与人为制造的幻像之间的分界线便越来越窄。3D 数字影像是横跨在真实与幻像两块土地之间的深渊之上的浮桥，在迷雾之中若隐若现，从幻像向真实伸展开来，似乎人们可以踏着浮桥往来于两个世界。

随着世界 3D 数字影像技术的飞速发展，这座浮桥的形状也在迷雾中越来越清晰。它是如何搭建起来的？它又是由什么材料和方式搭建而成的？它在未来是否能真正搭建成功？它是人类的福音还是灾祸？

1. 3D 数字影像的狂飙猛进

2009 年年底到 2010 年初的那几个月，全世界的影迷们都共同关注着同一部电影。这部电影所引发的社会话题数不胜数，而这部电影的重要性更是备受推崇："里程碑""电影革命""影史巨作""跨时代作品"……无数带着耀眼光环的名字被加之其上。这部电影就是 3D 数字立体电影《阿凡达》。

---

① 〔法〕让·博德里亚尔：《完美的罪行》，王为民译，商务印书馆 2000 年版，第 7 页。

《阿凡达》横扫全球，所向披靡，其带给人的震惊唯有电影刚刚诞生时的《火车进站》可与之比拟。似乎在一夜之间，3D数字电影从电影艺术的边缘地带突入中心，掀起了一阵3D影像狂潮。

然而，在这铺天盖地的3D数字影像浪潮中，很少有人真正意识到这次它的卷土重来对我们未来的生活究竟意味着什么。《阿凡达》的导演詹姆斯·卡梅隆在首尔数字论坛上宣称："3D技术并非电影的一种时尚，而是一次革命。25年之内，无论是电影、电视还是网络视频，二维的主流格式将成为历史被3D所取代。媒体视听革命已经开始。3D电影、电视将主宰未来！"

事情正在向着卡梅隆所预言的方向发展。

图14-2 电影《阿凡达》

2.《阿凡达》的创纪录历程

1997年，《阿凡达》的导演詹姆斯·卡梅隆拍出了现象级的爱情电影《泰坦尼克号》，以18亿美元的全球总票房在电影史上创下单部影片票房榜首的纪录。

全球电影史上最高票房的这一情形，电影的导演詹姆斯·卡梅隆早有预料。他在2008年就曾预言："2009年将是3D电影的元年，立体电影的时代即

图 14-3　电影《火车进站》

将到来。"此后世界电影的发展正是按照卡梅隆预测的方向行进的。2009 年，3D 电影层出不穷，从《地心历险记》到《闪电狗》，从《大战外星人》到《冰河世纪 3》，从《月球大冒险》到《飞屋环球记》，数部 3D 电影掀起的观影潮一浪高过一浪，票房成绩也呈上扬走势。据统计，截至 2009 年底，3D 电影当年创造的票房高达 13 亿美元，而在 2008 年，这一数据只有 3 亿美元，只相当于《飞屋环球记》一部电影的票房。观众对 3D 电影越来越喜爱的态度，就为《阿凡达》最终的横空出世奠定了深厚的群众观影市场基础。

3. 吹响新影像时代的集结号

关于票房的列举，只是一个数据的反映，远不能概括这部电影所带来的影响。有人说，票房并不能代表一切，卖得好的电影不一定是好电影，当年的奥斯卡最佳影片没有颁给《阿凡达》，而是给了传统形式的小成本影片《拆弹部队》，这证明《阿凡达》并没有得到专业影评人士的认可。不可否认，《阿凡达》并不符合当前电影艺术界的主流观念，如果单单把它看成一部电影，它只不过是一部热卖的电影而已。然而跨出电影的范畴，《阿凡达》这部电影给社会各个方面带来的震动却不是用一个电影奖项所能衡量的。若干年后，《拆弹部队》中的硝烟终会散去，但我们仍然会记得全世界都为一部电影而骚动过，记得初看这部电影时心中的惊诧与震撼。而未来我们生活的时代有一部分必将由这部电影所开启。

《阿凡达》注定是一部现象级的电影。"这部电影融合了我一生的所有成就。"卡梅隆自豪地说，"没有人做过比这更复杂的事。如果你把自己的目标定在不可思议的高度并且失败了，你的失败也胜于其他任何人的成功。”

而《阿凡达》只是一个开始，它吹起响亮的集结号，一个新的影像时代正在轰轰烈烈地到来。

12 年之后的《阿凡达》与《泰坦尼克号》不同，它是一部真正的全面利用数字影像技术的电影，是 3D 数字影像崛起并成为主流的开山之作。

《阿凡达》之所以被誉为电影史上里程碑式的作品，是因为它不仅对电影制作流程进行了彻底的改革，同时还对电影的表现能力也进行了更大的拓展。这部电影在电影制作的每一个环节都进行了全面革新，特别是摄影系统。

传统电影的拍摄对摄影系统的要求并不高，重要的是导演的拍摄理念。然而《阿凡达》为了追求震撼的 3D 效果，对摄影系统的要求无疑是最高的。拍摄这部电影一共使用了三套不同的数字摄影系统：实景 3D 摄影系统（3D Fusion Camera System）、虚拟摄影系统（Virtual Camera System）和协同工作摄影系统（Simil-Cam System）。特别是实景 3D 摄影系统，它是导演卡梅隆参与、自主研发的实景拍摄系统。

4. 基于 CUDA 架构的渲染技术

在电影《阿凡达》中，纯虚拟镜头达到了片长的约 60%，加上复杂的虚拟场景和大量的高精度虚拟角色，整部电影所产生的数据量达到了前所未有的 3PB，约 3072TB。在整个虚拟视觉特效历史上，《阿凡达》第一次把计算机 3D 模型的三角形面数量从百万级别提高到了十亿级别。尽管负责渲染输出的维塔工作室在制作《阿凡达》时已经拥有多台世界顶级的超级计算机和 Renderfarm，但如此复杂的场景和庞大的数据量依然给渲染造成了不小的难题。

为了提高渲染速度以达到缩短制作周期的目的，维塔工作室放弃了传统的渲染方法，采用 CUDA（Compute Unified Device Architecture）架构，首度将图形处理器 GPU（Graphic Processing Unit）用于渲染。过去，GPU 仅仅负责与图像显示有关的功能，并不能进行复杂的图像计算，这样的做法会在很大程度上浪费 GPU 的资源。相反，CUDA 则通过一种通用并行计算架构来赋予 GPU 解决复杂计算问题的能力，它的核心是 CUDA 指令集架构（ISA，Industrial Standard Architecture）以及 GPU 内部的并行计算引擎。基于这一架构，开发

图 14-4　电影《阿凡达》场景

图 14-5　电影《阿凡达》场景

人员可以使用编程语言来为 CUDA 架构编写通用程序，从而达到利用 GPU 进行图像计算的目的。

在这一架构的基础上，维塔工作室自主开发了全新的光线追踪预计算引擎(Panta Ray)，这款强大的光线追踪系统专为加速场景遮挡信息的预计算而设计，加上英伟达(NVIDIA)公司提供的高端 Tesla S1070 GPU 服务器，维塔工作室的后期流水线计算能力得到了大幅度的提高，其渲染速度比上一代技术提升了约 25 倍。

通过《阿凡达》,卡梅隆不仅将电影制作技术提高到了一个全新的层次,同时也让人们看到了3D电影的巨大潜力。如果说IMAX的问世是在横向上扩展了观众的视野,那么3D技术无疑是对电影的纵向扩充——影片不再是一个二维平面的简单投射,而是真正走到了观众面前。换言之,“银幕”的概念似乎正在慢慢消除,更大的视觉冲击力与亲临感无疑能给观众带来更大的满足。更重要的是,导演讲述故事的空间也得到了极大的扩充。如何在3D的环境下进行叙事已经成为当今电影制作者所面临与探讨的问题。尽管目前的3D影像技术仍然存在着一些缺陷,如晕眩感、3D眼镜的制约等,但相信随着科技的不断进步,3D影像技术会日趋完美,3D电影也会通过影碟等多渠道普及开来。

七、3D数字电影的超真实和数字影像的革命

日常生活里,人们往往把真实与具体的存在、有形化的物质以及可靠的事实等同起来。按这种眼光来看,虚拟实在是不真实的。但是,现代科学技术的发展已经改变了“真实”这个概念的范畴,有形化、具体的存在已经不再是真实的唯一表现了,因为电子计算机上与网络上所有的东西都不具备自己的形体,然而它们确实存在而且可以让人感知到其存在。

虚拟实在与具体、现实紧密联系,它不是外在于真实,而是使自己成了真实的一部分,真实变成了虚拟与现实的、具体的存在的统一体。

然而,后现代主义理论家波德里亚却对类似虚拟实在有不同的看法。他一方面认为实在并不存在,另一方面,他又认为,随着现代消费社会的发展以及大众消费文化与流行文化的扩张,无处不在的媒介已经将全球吸进了它所制造的漩涡。而后现代社会正是通过媒介和传播完全按照模拟和仿像的原则建立起来的,影像符号不断对现实进行复制和替代,以至于取代了生产,无穷的复制消解了符号的意义和深度,制造了所谓“能指的狂欢”。

波德里亚认为,随后发生的将是“仿像”与现实之间的断裂,人们不再生活于现实,而是生活在媒介和传播之中,现实的符号取代了现实本身,比现实更为真实,这就是他所称的“超真实”(hyperreality)。在波德里亚的“超真实”世界里,娱乐、信息和通信技术所提供的经历比乏味的日常生活更紧张,也更诱人,

于是个体纷纷逃离“真实的沙漠”(desert of the real)，韦德寻求超真实的狂热和由电脑、媒介以及技术经验所构成的新领域。

虚拟实在，无论它是在改变“真实”的范畴，还是在制造新的“超真实”世界，它都已经给世人提出了很多哲学问题，它在很大程度上模糊了真实与虚构的界限，使人为制造的幻像跨出了迈向真实的重要一步。当一个看似真实的事物或者动作实际上不过是人造虚拟之物或模拟重现之时，真实又在哪里？虚拟实在就为很多传统哲学课题提供了一个新的承载体，使这些问题又具有了重新探讨的必要性：什么是真实？我们如何了解真实？真实和虚幻之间的界线在哪里？真实与虚幻对于人的意义何在？

我们面临的一个挑战是，以虚拟实在为代表的新型人类技术最终将如何影响和改变人类社会？如何影响和改变诞生它的“人类”？

这不得不引发我们对“技术与影像对人类的意义”这一问题的更多思考。

3D数字影像的革命是从电影开始的，很快就将迅速波及与电影相关的领域。在可预见的范围之内，我们认为3D数字影像将出现以下前景。

1. 电视走向3D数字化

无疑，电视是与电影性质最为相近的媒介形式，两者的内容几乎可以共用，技术上也不存在很大的障碍。所以从3D数字电影引起巨大的轰动以来，首先追赶风潮的就是全球的电视机生产商。作为高清电视发展的新趋势，高清3D立体电视近来正在欧美等地区加紧进行开播前的各项准备。据来自1月上旬美国拉斯维加斯2010年国际消费电子展上的消息，世界上六大知名的直播卫星电视运营商——美国DirecTV公司和英国BSKYB公司预计在2010年上半年或晚些时候，分别推出其高清3D直播卫视服务。届时，数以百万计的DHTH高清电视家庭，将率先在自家客厅轻松地观赏到电影、体育、娱乐等内容的高清3D节目，从而获得以前只有在立体电影院或剧场、体育场才能获得的令人震撼的立体效果。

电视走向3D数字化已经不是一句口号，而是正在飞速发展的趋势。

2. 电子游戏走向3D数字化

电影与游戏的结合非常密切，有人说，电影是无人参与的游戏，而游戏则是有人参与的电影。有来自美国研究机构的调查报告显示,随着游戏剧作成本和耗时的不断增加,游戏与电影之间的区别正在不断缩小,甚至连两者所采用的制作手法都已经十分相似。

现代的电子游戏往往是与网络密不可分的,而只有通过网络,电子游戏所营造的虚幻的世界才能产生无限扩大的领域,才会产生真实的互动感。而电子游戏与3D数字影像的结合就可以提供虚拟的三维时空,未来还可以让游戏参与者全方位地感受视觉、听觉、嗅觉、味觉和触觉的综合刺激。这是互动式电子游戏一直想要达到的效果,从某种程度上讲,电子游戏是最渴望消除现实与虚拟世界之间界限的一种媒介形态。

波德里亚也曾预测,游戏会越来越多地支配人们与物品、文化、休闲之间的关系,有时还会支配人们与工作之间的关系,同时还支配人们与政治的关系。正是游戏成了人们日常生活形态的主导型色调。①

3. 广告的3D数字化

3D数字影像还没有完全普及化的一个重要原因是资金投入的问题,3D影像制作的成片固然很好,但如果没有很高的回报率,也很少有人甘愿冒险。现代消费社会投资回报率最高的应该是广告行业,而从天性上讲,广告行业也是最容易为追求新奇影像效果而进行创意冒险的。

广告本身是一种创意行业,在很少的几幅画面或很短的运动影像中,要想达到最好的传播与说服效果,广告常常需要更多、更大的冒险。现在,电子技术已经成为广告业最为常见的技术,这种影像技术十分强调奇观式的感受,追求画面效果,这使之自然而然地成了广告追求效应的重要工具。因此,3D数字影像技术很快便在广告行业中得到了广泛的应用。

4. 3D数字影像与互联网的结合

3D数字影像从诞生开始就是与电子计算机技术密不可分的,而互联网是电子计算机技术最广泛和最普遍的运用。《阿凡达》在中国取得的票房成功,很

---

① 〔法〕让·波德里亚:《消费社会》,刘成富、全志钢译,南京大学出版社2001年版,第119页。

大程度上就有赖于互联网将其在国外的消息即时带到了中国网民面前，在全球公映与中国公映的这段时间差里，这部电影已经在网上被炒得沸沸扬扬，成为让众多人恨不得立刻一睹为快的热门影片。在其上映之后，互联网又成为《阿凡达》良好口碑的最好、最快的传播渠道，无数的网上论坛、专门频道以及各种媒体在网上发布的海量信息，大都传递了良好的观感。

现代世界已经在互联网的作用之下变得越变越小，人类被电子网络紧紧捆绑在一起，信息将地球重重包裹，科技正向着无所不能的方向发展，其终极目标是让人类看到、听到、得到自己想要的一切。而3D数字影像在互联网上得到的空间将会越来越大，其影响力也会越来越大。

八、虚拟实在改变了人类的生存方式

随着3D数字影像技术的不断发展，虚拟成像技术也会越来越多地应用在各种媒介形态之中，将会改变人类的生存方式和发展模式。

还记得电影《黑客帝国》里的360度摄像技术和“子弹时间”等拍摄技术吗？它们以一种常人无法想象的方式将肉眼无法看到的事态发生过程展现在电影银幕上。可以说，电影通过对技术的应用解蔽了真理。海德格尔就持这一观点：技术是解蔽的真理一种方式。

海德格尔的生活横跨了计算机出现的前后，由此他能够认识到技术具有直入人心、势不可挡的力量，他把技术置于十分重要的位置，强调技术与人的价值之间的冲突。他认为技术的危险在于它能够渗入人类的内在，进入人类的内心深处，改变我们认知、思考和产生欲望的方式。然而在计算机成为一大文化现象以前，我们是不可能觉察到它的精神渗透作用的。

技术的本质是聚集人与自然，把存在显现为存在者的力量，因而被他视为一种“座架”。“技术之本质在最高意义上是两义的。这种两义性指示着一切解蔽亦即真理的秘密。一方面，座架促逼入那种订造的疯狂中。此种订造伪装着每一种对解蔽之居有事件的洞识，并因而从根本上危害着与真理之本质的关联；另一方面，座架自行发生在允诺者中，此允诺让人持存于其中，让人成为被使用者，用于真理之本质的守护——这一点迄今为止尚未得到经验，但将来也许可得到更多的经验。如此,便显现出救赎之升起。”[①]

1. 3D 数字影像制造超真实

无法否认,现在我们的日常生活已经完全不能等同于 100 年前的日常生活,人工制造的电子环境与氛围无处不在,将人们重重包围。以 3D 数字影像为代笔的数字影像正在悄无声息地占领每一个现实的角落,人们无时无刻不在接受人工制造的影像信息,如同“身临其境”。所有变异的媒介形态呈现出一个潜在的态势:让活动的影像突破电影银幕的平面空间限制,生成一种立体化的多维空间。虚拟实在所创造的世界就徘徊在我们每一个人中间,如同现实一样逼真,甚至超越了现实的逼真程度。

对于这个超真实的世界,波德里亚早有预料,他认为,技术是一种以虚拟实在消除幻觉实在的工具。后现代主义哲学是建立在不可知论的基础之上的,即人类认知不可能实现对自然的征服,而只能给生命提供一种在虚拟游戏中获得的安全感。

技术,以其全部能量,本质上为人类显现了一个或者有机总体化、分离破碎或者彻底虚无的世界图式。幻觉使我们陷于恐惧,而我们则以对事情表象产生的幻觉来避免恐惧。[②] 人类使用技术去发现表象背后的真实,但实在的不可知性是一个永恒的恐惧,迫使人类去发明新技术与之对抗。

人类用拟像取代了不可知的现实,因为拟像是可知的,又是可以控制的。人类从中暂时性地获得了真实的感觉。“超真实”就此产生了一种经由无数最新技术发明而疯狂创造出来的“虚拟现实”,在其中,死亡、身体、环境、他人,一切皆可控制和制作,一切也可以随时消失。人类发现在探寻真理的过程中,自己无可抗拒地逆行进入了虚无,“我们在消灭自己”。[③]

然而超真实又绝非真实。世界的复杂和不可知性如同横贯在地壳上的深渊,难以见底。不断的恐惧迫使人类不断地去发明新技术与之抗衡,由此形成的会不会是一次又一次的恶性循环?让人类陷入不可知的永恒恐惧之中呢?

---

① 〔德〕海德格尔:《海德格尔选集》(上下),孙周兴译,上海三联书店 1996 年版,第 951 页。

② 〔法〕让·博德里亚尔:《完美的罪行》,王为民译,商务印书馆 2000 年版,第 7 页。

③ 〔法〕让·博德里亚尔:《完美的罪行》,王为民译,商务印书馆 2000 年版,第 111 页。

技术在追求真实的目标时引导我们失去了对现实表象的幻觉，换来的并非真实，而是一种更为虚假的超真实。技术越发展，人的主体自由越小，人就越依赖机器，最终变成机器的奴隶。意义最终将消失，人无法抗拒技术的发展，“主体控制对象的游戏已经结束”，历史进程不再由人来控制，而是技术本身的扩张。

2. 制造与被制造的结局

哈贝马斯也曾提过，技术理性蔓延扩展到整个文化意识形态，会逐渐把人改变成一种符合其技术理性的工具。在许多学者眼中，这对于人类来说都是一种困境，如同人的异化。

而人类的出路又在何方呢？我们究竟需不需要产生一种新的技术观念，不把自然当作可以用技术来支配的对象，而是把它作为能够相互作用的一方？

电影《阿凡达》中人与自然的关系正是这种观念的体现，这一问题值得我们一直去深思。我们在这里并不能得出自己的结论，只知道 3D 数字影像与人类的未来密切相关。但终归有一条真理——我们创造出的，必将创造我们！

思考与研讨题

1. 请谈谈你对“媒体融合”的理解。

2. 关于 3D 数字技术制造新影像，你如何看？

3. 如何看待媒介传播技术对社会结构和人们生活方式的影响？

4. 请谈谈伊尼斯关于“技术”对社会影响的理论。

参考书目

1. 伦斯·霍克斯:《结构主义和符号学》,瞿铁鹏译,上海译文出版社 1997 年版。
2. 阿恩海姆:《视觉思维》,滕守尧译,四川人民出版社 1998 年版。
3. 莱维·斯特劳斯:《结构人类学》,谢维扬、俞宣孟译,上海译文出版社 1995 年版。
4. 杰姆逊:《后现代主义与文化理论》,唐小冰译,北京大学出版社 1997 年版。
5. 罗蒂:《后哲学文化》,黄勇译,上海译文出版社 2009 年版。
6. 艾耶尔:《二十世纪哲学》,李步楼等译,上海译文出版社 1987 年版。
7. 弗洛伊德:《弗洛伊德后期著作选》,林尘等译,上海译文出版社 1986 年版。
8. 卡西尔:《符号学》,甘阳译,上海译文出版社 1985 年版。
9. 杜夫海纳:《美学与哲学》,孙非译,中国社会科学院出版社 1985 年版。
10. 斯蒂文·小约翰:《传播理论》,陈德民、叶晓辉译,中国社会科学出版社 1999 年版。
11. 尼尔·波斯曼:《技术垄断》,何道宽译,北京大学出版社 2007 年版。
12. 哈罗德·伊尼斯:《传播的偏向》,何道宽译,中国人民大学出版社 2003 年版。
13. 托马斯·弗里德曼:《世界是平的》,何帆等译,湖南科学技术出版社 2006 年版。
14. 曼纽尔·卡斯特:《网络社会的崛起》,夏铸九等译,社会科学文献出版社 2000 年版。

15. 奥利弗·博伊德－巴雷特、克里斯·纽博尔德编:《媒介研究的进路》,汪凯等译,新华出版社 2004 年版。

16. 道格拉斯·凯尔纳编:《波德里亚:批判性的读本》,陈维振等译,江苏人民出版社 2005 年版。

17. 斯蒂芬·贝斯特、道格拉斯·科尔纳:《后现代转向》,陈刚等译,南京大学出版社 2002 年版。

18. 埃里克·麦克卢汉、弗兰克·秦格龙编:《麦克卢汉精粹》,何道宽译,南京大学出版社 2000 年版。

19. 马歇尔·麦克卢汉:《麦克卢汉如是说——理解我》,何道宽译,中国人大学出版社 2006 年版。

20. 林文刚编:《媒介环境学》,何道宽译,北京大学出版社 2007 年版。

21. 蒋孔阳主编:《二十世纪西方美学名著选》,复旦大学出版社 1990 年版。

22. 周宪等编:《当代西方艺术文化学》,北京大学出版社 1988 年版。